Table of Contents

PAPER 1 ....

HOW TO WRITE LISTENING SUMMARY? 6

HOW TO WRITE READING SUMMARY? 7

TRANSLATIONS 9

FAMILY 9

LA CYBER-SOCIÉTÉ 12

LE BÉNÉVOLAT 15

LE PATRIMOINE 19

LA MUSIQUE FRANCOPHONE 22

LE CINÉMA 25

LE MULTICULTURALISME 29

LES MARGINALISÉS 33

LA CRIMINALITÉ 37

LES ADOS ET LE DROIT DE VOTE 40

LES GRÈVES ET MANIFESTATIONS 44

L'IMMIGRATION 47

PAPER 2 WRITING 51

LA HAINE ESSAY 1 65

LA HAINE ESSAY 2 66

LA HAINE ESSAY 3 67

LA HAINE ESSAY 4 68

ALBERT CAMUS- L'ÉTRANGER ESSAY 69

PAPER 3 SPEAKING EXAM 74

PART 1 DISCUSSION (5-6 MINUTES) 74

CARTE A 78

CARTE B 79

CARTE C 81

CARTE D 82

CARTE E 83

CARTE F 85

CARTE G 86

CARTE H 88

CARTE I 89

CARTE J 91

CARTE K 93

CARTE L 94

PART 2 INDIVIDUAL RESEARCH PROJECT (11-12 MINUTES) 96

LIST OF SUGGESTED IRPS: 96

VOCABULARY 103

FAMILY 103

LA CYBER-SOCIÉTÉ 105

LE BÉNÉVOLAT 108

LE PATRIMOINE 110

To my mother FH and my brother Zizou . You were great source of inspiration. Special thanks to YK, Ph.D for helping with the proofreading, I appreciate your support.

C'est Facile! French Exam Made Easy. Copyright © 2019 by Ben Zian. All rights reserved. This book or any portion thereof may not be reproduced without the express written permission of the publisher except for the use of brief quotation in a book review.

LA MUSIQUE FRANCOPHONE	**112**
LE CINÉMA	**113**
LE MULTICULTURALISME	**115**
LES MARGINALISÉS	**116**
LA CRIMINALITÉ	**118**
LES ADOS ET LE DROIT DE VOTE	**121**
MANIFESTATION ET GRÈVES	**123**
IMMIGRATION	**124**

Paper 1

Most students on Paper 1 (**Listening, reading and writing**) lose marks in writing the two summaries (**It is 12 marks for each task, i.e. 24 marks in total**) as well as the translations tasks (**It is 10 marks per task=20 marks**). They do well on the other sections of this paper (Short answers, true or false and choosing the correct answers section). This paper is the most important part of the course as it is 50% of the grade.

In this section I will try to give you tips on how to write the two summaries to good standard as well as few translation tasks for practice.

Tips for writing the listening summary

Faites un résumé de l'interview en français (90 mots) vous pouvez mentionner les points suivants: **(Scan the QR code to listen to the audio)**

1) La fondation des Restos du Cœur (2 points)
2) Les actions du Restos du Cœur (2 points)
3) Les bénéficiaires du Restos du Cœur. (3 points)

Extra 5 marks for the quality of the language. (5 points)

It is easier if you could make your notes in simple English sentences that you are able to translate, then translate them into French. There is no harm in writing your notes straight in French if you are able to do so without a lot of efforts and listening to the audio many times. After that you need to use connectives and complex structures to link your sentences and write them in small paragraph (90 words).

1) The Restos du Cœur were founded 30 years ago. (1)
2) They were founded by humourist called Coluche. (1)
3) The aim is to give meals to homeless people. (1)
4) So that they escape this (Precarious) situation. (1)
5) They also help mothers who cannot give treatment or feed their children. (1)
6) They can also help those who cannot read or write. (1)
7) They offer work in their garden (Jardin du Cœur). (1)

Translation

1) Les Restos du Cœur étaient fondés il y a 30 ans
2) Ils ont été fondés par un humouriste qui s'appelle Coluche.
3) Le but est de donner des repas aux Sans-abri (SDF)
4) Pour qu'ils puissent échapper à cette situation (précaire)
5) Ils aident aussi les mères qui ne peuvent pas soigner ou nourrir (donner la nourriture à) leurs enfants.
6) Ils peuvent aussi aider ceux qui ne peuvent pas lire ou écrire.
7) Ils offrent du travail dans les Jardins du Cœur.

You need to include complex structures: (They are in bold):
- ◊ Use of passive voice (1)
- ◊ Use of Subjunctive (2)
- ◊ Use of different pronouns (3)
- ◊ Use of Superlative/Comparative (4)
- ◊ Use of Si clause (5)
- ◊ Use of gerund/ Present participle (6)
- ◊ Use of infinitive /Infinitive past (7)

> **Après avoir écouté l'audio (7), je pourrais dire que** les Restos du Cœur ont été fondés il y a 30 ans **par un humoriste (1)** qui s'appelle Coluche. Ils sont parmi les associations **les plus connues (4)**, **dont (3)** le but était de donner des repas aux SDF, **en les (3) gardant (6)** chauds pour **qu'ils puissent (2)** échapper à cette situation de précarité. Ils aident les jeunes mères qui ne peuvent pas soigner ou nourrir leurs enfants, **leur (3)** travail (le travail des Restos du Cœur) ne se limite pas à la nourriture. Ils peuvent aussi assister (aider) ceux qui ne peuvent pas lire ou écrire, ainsi qu'ils offrent du travail dans les Jardins du Cœur.

Note- Try not to go above 100 words as the examiner will stop reading after 100 words.

Tips for writing the reading summary

> La Tapisserie de Bayeux, aussi connue sous le nom de Tapisserie de la reine Mathilde, et plus anciennement « toile de la Conquête » est une broderie du XIe siècle, inscrite depuis 2007 au registre Mémoire du monde par l'UNESCO.
> Elle décrit des faits allant de la fin du règne du roi d'Angleterre, Édouard le Confesseur, en 1064, à la bataille d'Hastings, en 1066, dont l'enjeu était le trône d'Angleterre, contesté à Harold Godwinson par Guillaume (son frère), duc de Normandie. Les événements clés de la bataille, dont l'issue détermina la conquête normande de l'Angleterre, y sont détaillés, mais près de la moitié des scènes relatent des faits antérieurs à l'invasion elle-même. Elle semble avoir été commandée par Odon de Bayeux, le demi-frère de Guillaume et réalisée au cours des années qui ont suivi la conquête.
> Bien que très favorable à Guillaume le Conquérant, au point d'être considérée parfois comme une œuvre de propagande, elle a une valeur documentaire inestimable pour la connaissance du XIe siècle normand et anglais. Elle renseigne sur les vêtements, les châteaux, les navires et les conditions de vie de cette époque. À ce titre, elle constitue un des rares exemples de l'art roman. Conservée jusqu'à la fin du XVIIIe siècle, dans le Trésor de la cathédrale de Bayeux, elle échappa de peu à la destruction lors de la Révolution française. Elle est aujourd'hui présentée au public au centre Guillaume le Conquérant qui lui est entièrement dédié.
> **Wikipédia source**

Faites un résumé en français (90 mots) vous pouvez mentionner les points suivants:

1) Des informations sur la tapisserie de Bayeux. (3 points)
2) Les événements clés qui ont été décrits. (2 points)
3) La conservation de la tapisserie. (2 points)

Extra 5 marks for the quality of the language. (5 points)

It is easier if you could make your notes in simple English sentences that you are able to translate, then translate them into French. There is no harm in writing your notes straight in French if you are able to do so without a lot of efforts. After that you need to use connectives and complex structures to link your sentences and write them in small paragraph (90 words).

1) The tapestry of Bayeux is a work of the 11th century. (1)
2) It is registered by the UNESCO since 2007. (1)
3) It describes events up to the battle of Hastings in 1066. (1)
4) The key events are the Norman conquest of England. (1)
5) As well as scenes before the invasion. (1)
6) The tapestry has been preserved by the cathedral of Bayeux in their treasure. (1)
7) It is today at the centre William the Conqueror. (1)

Translation

1) La tapisserie de Bayeux est une œuvre du 11eme siècle. (1)
2) Elle est inscrite par l'UNESCO depuis 2007. (1)
3) Elle décrit des événements jusqu'à la bataille d'Hastings en 1066. (1)
4) Les événements clés sont la conquête normande de l'Angleterre. (1)
5) Ainsi que des scènes avant l'invasion. (1)
6) La tapisserie a été conservé par la cathédrale de Bayeux dans leur trésor. (1)
7) Elle est aujourd'hui au centre Guillaume le Conquérant. (1)

You need to include complex structures: (They are in bold):

- ◊ Use of passive voice (1)
- ◊ Use of Subjunctive (2)
- ◊ Use of different pronouns (3)
- ◊ Use of Superlative/Comparative (4)
- ◊ Use of Si clause (5)
- ◊ Use of gerund/ Present participle (6)
- ◊ Use of infinitive /Infinitive past (7)

> **Après avoir lu le texte (7),** je pourrais dire **que (3)** la tapisserie de Bayeux est une œuvre parmi les œuvres **les plus importants (4)** du 11eme siècle **décrivant (6)** des événements jusqu'à la bataille d'Hastings en 1066. **De plus, elle est inscrite par l'UNESCO dans la liste du patrimoine mondial depuis 2007 (1).**
> Les événements clés sont la conquête normande de l'Angleterre, ainsi que des scènes avant l'invasion. **La tapisserie a été conservé par la cathédrale de Bayeux (1)** dans **leur (3)** trésor, tandis qu'elle est aujourd'hui au centre Guillaume le Conquérant, pour que les gens **puissent (2) la (3)** visiter.

Note- Try not to go above 100 words as the examiner will stop reading after 100 words.

Translations

Family

1) Traduisez le passage en anglais. (10 points)

Des études récentes sur le suivi des enfants adoptés par les couples homosexuels montrent qu'ils n'ont pas des risques d'être traumatisés psychologiquement. Ainsi, les couples de femmes ou d'hommes sont capables d'élever des enfants et leur donner beaucoup d'amour. La société devrait évoluer et les mentalités aussi pour que nous soyons une société moderne.

2) Traduisez le passage en français. (10 points)

Children are born as result of a relationship between a father and a mother, they must have both as a reference. This is how nature is made. Recent research confirmed it :"The family is the representation of the child's world that is going to allow him/her to build his or her personality". He/she will need both parents so that they can be well balanced. The society seems to evolve but in the wrong way.

Correction
1)

Box		Accept	Reject
1	Des études récentes	recent studies	
2	sur le suivi	on adopted	
3	des enfants adoptés	children follow up or (on follow up of adopted children)	
4	par les couples	by homosexual	homosexual needs to be before couples
5	homosexuels	couples	
6	montrent	reveal/show	
7	qu'ils n'ont pas	that they do not have	
8	des risques	risks	
9	d'être traumatisés	of being psychologically	
10	psychologiquement	traumatised	
11	ainsi que	as well as	
12	les couples de femmes ou	men or women couples	Reject if **the** couples is

			used
13	sont capables	are able	
14	d'élever des enfants	of raising children	
15	et leur donner	and give them	
16	beaucoup d'amour.	lots of love.	
17	La société devrait évoluer	Society should evolve	
18	et les mentalités aussi	and mentalities as well	
19	pour que nous soyons	so that we are	
20	une société moderne.	modern society.	

Conversion grid	
Numbers of ticks	Mark
19-20	10
17-18	9
15-16	8
13-14	7
11-12	6
9-10	5
7-8	4
5-6	3
3-4	2
1-2	1
0	0

2)

Box		Accept	Reject
1	Children are born	Des enfants sont nés	Reject without the s
2	as result of a relationship	comme résultat d'une relation	
3	between a father and a mothers,	entre un père et une mère,	Reject the wrong gender
4	they must	ils doivent	reject elles because un enfant is masculine

			word/il doit
5	have both	avoir les deux	
6	as a reference	comme référence	
7	this is how	c'est comme ça que	
8	nature is made.	la nature est faite.	reject fait
9	Recent research confirmed it:	Une recherche/une étude récente l'a confirmé:	reject confirmé/ confirmé la
10	"The family is the representation	"La famille est la représentation	
11	of the child's universe	du monde de l'enfant/de l'univers de l'enfant	Reject: de le monde
12	that is going to allow him	qui va lui permettre /qui lui permettra	Reject: qui permet
13	to build his/her personality".	de construire sa personnalité".	Reject: construire without de
14	He/She will need both parents	Il aura besoin des peux parents	Reject: il a
15	So that they can be	pour qu'il soit	Reject: il peut être
16	well balanced.	bien équilibré.	
17	The society seems	La société semble	
18	to evolve	évoluer	
19	but in the wrong	mais dans le mauvais	Reject: sens mauvais
20	way.	sens.(la mauvaise direction)	

Conversion grid	
Numbers of ticks	Mark
19-20	10
17-18	9
15-16	8
13-14	7
11-12	6
9-10	5
7-8	4

5-6	3
3-4	2
1-2	1
0	0

La Cyber-société

1) Traduisez le passage en anglais. (10 points)

Huit jeunes internautes sur dix utilisent des réseaux sociaux comme Facebook malgré les problèmes de confidentialité qui lui ont été reprochés. Peut-être que toi aussi, tu te connectes tous les jours à Facebook. Ce dernier a introduit des changements au niveau des réglages alors les gens peuvent désormais modifier leurs préférences pour empêcher cet abus.
Les gens sont moins rassurés, ils veulent plus de garanties par Facebook pour protéger leurs données personnelles.

2) Traduisez le passage en français. (10 points)

I use my mobile phone to connect to internet as well as to chat with my friends using applications (apps) such as WhatsApp. This type of applications have made it easier for people, so they are able to make free calls within the country and also abroad.
Personally, I use WhatsApp on daily basis, this helps me to stay in touch with my cousins in Africa, we share pictures and videos. In addition to that, we make video calls. I feel like living with them.

Correction
1)

Box		Accept	Reject
1	Huit jeunes	Eight young	
2	internautes	internet users/internauts	
3	sur dix utilisent	out of ten use	
4	des réseaux sociaux	social networks/medias	
5	comme Facebook malgré	such as Facebook despite	
6	les problèmes de confidentialité	the privacy issues	Reject: problems of confidentiality
7	qui lui ont été reprochés.	that it has been accused of.	
8	Peut-être que toi aussi	Maybe you also	
9	tu te connectes	connect	
10	tous les jours à Facebook.	to Facebook daily.	

11	Ce dernier a introduit des changements	It (has) introduced changes	Reject: The last
12	au niveau des réglages	in the settings	
13	alors les gens peuvent	so people	
14	désormais	from now on	
15	modifier leurs préférences	can modify their preferences	
16	pour empêcher cet abus.	in order to prevent this breach.	Reject: Abuse
17	Les gens sont moins rassurés,	People are less reassured,	
18	ils veulent plus de garanties	they want more guaranties	
19	par Facebook pour protéger	by Facebook in order to protect	
20	leurs données personnelles.	their personal data.	

Conversion grid	
Numbers of ticks	**Mark**
19-20	10
17-18	9
15-16	8
13-14	7
11-12	6
9-10	5
7-8	4
5-6	3
3-4	2
1-2	1
0	0

2)

Box		Accept	Reject
1	I use my mobile phone	J'utilise mon (téléphone) portable	

2	to connect to internet	pour me connecter à internet	
3	as well as	aussi/ainsi que	
4	to chat	pour discuter (Bavarder/papoter)	
5	with my friends	avec mes copains (amis)	
6	using applications (apps).	en utilisant des applications	Reject: utiliser
7	such as WhatsApp	comme WhatsApp	
8	This type of applications	ce genre d'applications	
9	have made it easier for people	a rendu la vie facile aux gens	
10	so they are able to make free calls within the country	pour qu'ils puissent passer/faire des appels gratuits à l'intérieur du pays	Reject; ils peuvent
11	and also abroad.	et aussi à l'étranger.	
12	Personally,	personnellement/à titre personnel,	
13	I use WhatsApp on daily basis,	j'utilise WhatsApp/au quotidien /quotidiennement/tous les jours,	
14	this helps me to stay in touch	cela m'aide à rester en contact	
15	with my cousins in Africa,	avec mes cousins en Afrique,	
16	we share	on partage (nous partageons)	
17	pictures and videos.	des photos et des vidéos.	
18	In addition to that , we make video calls.	En plus, on effectue des appels vidéo.	
19	I feel like	Je sens comme si	
20	living with them.	je vivais avec eux.	

Conversion grid	
Numbers of ticks	Mark
19-20	10
17-18	9
15-16	8
13-14	7
11-12	6
9-10	5
7-8	4
5-6	3
3-4	2
1-2	1
0	0

Le bénévolat

1) **Traduisez le passage en anglais. (10 points)**

Aujourd'hui un sur cinq des jeunes de moins de 18 ans adhèrent à une association caritative. Les jeunes ne font aucun travail bénévole ni ponctuel ni occasionnel. Il faut promouvoir l'importance du bénévolat parmi les jeunes.
Pour ceux qui veulent aider les sans-abris, il y a beaucoup d'associations caritatives comme les Restos du Cœur, votre aide est essentielle pour qu'on puisse les garder au chaud pendant l'hiver.

2) **Traduisez le passage en français. (10 points)**

Charity work is a French tradition, well established for a long time. When we commit ourselves, we give our time for the good of others.
Young people have tendency to do more seasonal missions. In France we can become volunteer in an association from the age of 15. We should raise awareness among young people and educate them on global issues. Volunteering could be a good opportunity to have a work experience and personal development.

Correction

1)

Box		Accept	Reject
1	Aujourd'hui	Today	
2	un sur cinq	one out of five	
3	des jeunes	young people	
4	de moins de 18 ans	below the age of 18	

5	adhèrent à	subscribe/enrol/ register with	
6	une association caritative.	a charity organisation.	
7	Les jeunes ne font aucun	Young people do not do any	
8	travail bénévole	charity work	
9	ni ponctuel ni occasionnel.	neither seasonal, nor casual.	
10	Il faut promouvoir	We must promote	
11	l'importance du bénévolat	the importance of volunteering	
12	parmi les jeunes.	among young people.	
13	Pour ceux qui veulent	for those who want	
14	aider les sans-abris,	to help the homeless people,	
15	il y a beaucoup d'associations caritatives	there are many charity organisations	
16	comme les Restos du Cœur,	such as (like) The Restos du Coeur,	
17	votre aide	your help	
18	est essentielle pour qu'on puisse	is essential so that we can	
19	les garder	keep them	
20	au chaud pendant l'hiver.	warm during winter.	

Conversion grid	
Numbers of ticks	**Mark**
19-20	10
17-18	9
15-16	8
13-14	7
11-12	6
9-10	5
7-8	4

5-6	3
3-4	2
1-2	1
0	0

2)

Box		Accept	Reject
1	Charity work is	Le bénévolat est	
2	a French tradition,	une tradition française,	Reject: française tradition
3	and well established	bien établie	Reject: établi
4	for a long time.	depuis longtemps.	
5	When	Quand	
6	we commit ourselves,	on s'engage/ nous nous engageons	
7	we give our time for	on donne(nous donnons) notre temps pour	
8	the good of others.	le bien des autres.	
9	Young people have tendency	Les jeunes ont tendance	
10	to do more seasonal missions.	à faire plus de missions ponctuelles.	Reject: pour faire
11	In France we can become	En France on peut(nous pouvons) devenir	
12	volunteer in an association	bénévole	
13	from the age of 15.	dès l'âge de 15 ans/ à partir de l'âge de 15ans	
14	We should raise awareness	On devrait/nous devrions sensibiliser	
15	among young people and	les jeunes et	

16	educate them on global issues.	les éduquer sur (au sujet) des problèmes mondiaux/ dans le monde.	
17	Volunteering	Le bénévolat	
18	could also be a good opportunity	pourrait aussi être une bonne occasion	
19	to have a work experience	pour avoir une expérience professionnelle	
20	and personal development.	et un développement personnel.	

Conversion grid	
Numbers of ticks	Mark
19-20	10
17-18	9
15-16	8
13-14	7
11-12	6
9-10	5
7-8	4
5-6	3
3-4	2
1-2	1
0	0

Le Patrimoine
1) Traduisez le passage en anglais. (10points)

Le tourisme est très important pour un pays, cependant, il y a aussi beaucoup d'inconvénients tels que l'effet néfaste sur le site lui-même à cause de la surfréquentation, de plus, les villes subissent une transformation d'une ville calme à un endroit touristique bondé, où les magasins de souvenirs et les restaurants moins chers remplacent le caractère local. Ce genre de choses crée des tensions entre les touristes et la population locale.

2) Traduisez le passage en français. (10points)

The French cuisine is varied, delicious and well known around the world, it is therefore not surprising that we find French food products everywhere in the world. Cheese is as popular as wine. Gastronomy has always been useful to sell the image of France. The government has established a new organisation which will have the task of promoting other aspects of France, such as fashion and cinema.

Correction

1)

Box		Accept	Reject
1	Le tourisme	Tourism	
2	est très important	is very important	
3	pour un pays, cependant,	for a country, however,	
4	il y a aussi beaucoup	there are also many	
5	d'inconvénients tels que	disadvantages such as	
6	l'effet néfaste sur	the harmful effect on	
7	le site lui même	the site itself	
8	à cause de la sur-fréquentation,	due to the overcrowding,	Reject: Frequentation/visits
9	de plus,	furthermore/moreover/in addition to that	
10	les villes subissent	towns go through/undergo	
11	une transformation	a change/transformation	
12	d'une ville calme à	from a quiet town to	
13	un endroit touristique bondé, où	a crowded touristic place, where	
14	les magasins de souvenirs et	souvenirs shops and	
15	les restaurants moins chers remplacent	cheap restaurants replace	
16	le caractère local.	the local character.	
17	Ce genre de choses	This type of things	
18	crée des tensions	create tensions	
19	entre les touristes et	between tourists	
20	la population locale.	and the locals/local	

| | | population. | |

Conversion grid	
Numbers of ticks	Mark
19-20	10
17-18	9
15-16	8
13-14	7
11-12	6
9-10	5
7-8	4
5-6	3
3-4	2
1-2	1
0	0

2)

Box		Accept	Reject
1	The French cuisine	La cuisine française	
2	is varied,	est variée,	Reject: varié (it needs to agree with the feminine noun)
3	delicious and	délicieuse et	Incorrect adj agreement
4	well known	bien connue	Incorrect adj agreement
5	around the world,	à travers le monde,	
6	it is therefore not surprising that	il n'est donc pas surprenant qu'	
7	we find	on trouve	
8	French food products	les produits alimentaires français	Reject: la nourriture
9	everywhere in the world.	partout dans le monde.	
10	Cheese is	Le fromage est	
11	as popular as	aussi populaire que	

12	wine.	le vin.	
13	Gastronomy has always been useful	La gastronomie a toujours été utile/ a été toujours utile	
14	to sell the image of France.	pour vendre l'image de la France.	
15	The government has established	Le gouvernement a créé/ a établi	
16	new organisation which	une nouvelle organisation/ nouvel organisme qui	Reject nouveau
17	will have the task of	aura la tâche de/ la responsabilité de	
18	promoting other	promouvoir les autres	
19	aspects of France, such as	aspects de la France, comme	
20	fashion and cinema.	la mode et le cinéma.	

Conversion grid	
Numbers of ticks	Mark
19-20	10
17-18	9
15-16	8
13-14	7
11-12	6
9-10	5
7-8	4
5-6	3
3-4	2
1-2	1
0	0

La musique Francophone

1) **Traduisez le passage en anglais. (10points)**

Il y a beaucoup de festivals dans le monde francophone qui célèbrent la musique française. Je dirais qu'ils attirent environ une trentaine de millions de spectateurs chaque année. Les festivals les plus connus se déroulent en France et au Canada pendant le printemps et l'été pour attirer une plus grande audience. Ces festivals encouragent et promeuvent des nouveaux talents musicaux et présentent des artistes bien connus ainsi que des figures montantes. Quelque fois l'entrée à ces festivals est gratuite, tandis que d'autres festivals sont payants.

2) Traduisez le passage en français. (10 points)

Many people in Europe don't know much about Francophone music. They have always preferred Anglo-American music due to its dominance.
If they listened to more Francophone music, they would appreciate the culture more.
They will also realise that there are many different styles. Francophone music has produced many great talents such as David Guetta et Daft Punk. Celine Dion also adopted a very sophisticated musical style and the great JJ Goldman was an endless source of inspiration for her. Her modern musical arrangements appeal to all generations.

Correction
1)

Box		Accept	Reject
1	Il y a beaucoup de	There are many/lots of	
2	festivals dans	festivals in	
3	le monde francophone	the francophone/French speaking world	
4	qui célèbrent	that celebrate	
5	la musique française.	the French music.	
6	Je dirais qu'ils attirent	I would say that they attract	
7	environ une trentaine de millions	about thirty millions	
8	de spectateurs chaque année	fans/of spectators each year.	
9	. Les festivals les plus connus	The most well-known(famous) festivals	
10	se déroulent en France et au Canada	take place in France and in Canada	
11	pendant le printemps et l'été pour attirer	during spring and summer to attract	
12	une plus grande	a big audience.	

	audience.		
13	Ces festivals	These festivals	
14	encouragent et promeuvent	encourage and promote	
15	des nouveaux talents musicaux et présentent	new musical talents and introduce	
16	des artistes bien connus	well-known artists	
17	ainsi que des figures montantes.	as well as rising stars.	
18	Quelque fois l'entrée	sometimes the entry	
19	à ces festivals est gratuite,	to these festivals is free	
20	tandis que d'autres festivals sont payants.	whereas for other festivals there are fees/there is a charge.	

Conversion grid	
Numbers of ticks	**Mark**
19-20	10
17-18	9
15-16	8
13-14	7
11-12	6
9-10	5
7-8	4
5-6	3
3-4	2
1-2	1
0	0

2)

Box		Accept	Reject
1	Many people in Europe	Beaucoup de personnes en	Reject: plusieurs

	don't know	Europe ne connaissent pas	personnes
2	much about Francophone music.	beaucoup de chose sur (trop au sujet de) la musique francophone.	
3	They have always preferred	Ils ont toujours préféré	
4	Anglo-American music	la musique anglo-américaine	
5	due to its dominance.	à cause de sa dominance.	
6	If they listened	s'ils écoutaient	
7	to more Francophone music	plus de musique francophone	
8	they would appreciate the culture more.	ils apprécieraient plus la culture.	
9	They will also realise that	Ils réaliseront qu'	
10	there are many different styles.	il y a beaucoup de styles différents.	
11	Francophone music	La musique francophone	
12	has produced many great talents	a produit plusieurs)beaucoup de) grands talents	
13	such as David Guetta et Daft Punk.	comme David Guetta et Daft Punk.	
14	Celine Dion also adopted	Céline Dion a adopté aussi	
15	a very sophisticated	un style musical	Reject: un style sophistiqué musical
16	musical style	très sophistiqué	
17	and the great JJ Goldman	et le grand JJ Goldman	
18	was an endless source of inspiration to her.	était une source d'inspiration infinie pour elle.	

19	Her modern musical arrangements	Ses arrangements musicaux modernes	
20	appeal to all generations	plaisent à toutes les générations.	

Conversion grid	
Numbers of ticks	Mark
19-20	10
17-18	9
15-16	8
13-14	7
11-12	6
9-10	5
7-8	4
5-6	3
3-4	2
1-2	1
0	0

Le cinéma

1) Traduisez le passage en anglais. (10 points)

Chaque année, le festival de Cannes attire des milliers de touristes, le but est de récompenser le meilleur film, le meilleur cinéaste ou le meilleur acteur/ actrice d'une compétition internationale. Beaucoup d'acteurs internationaux connus ont reçu la Palme d'Or. Je pense que le festival devrait récompenser beaucoup plus d'acteurs français pour les encourager et promouvoir le cinéma français.

Depuis longtemps le film français ne parvient pas à remporter de grands prix, face à ce défi, qui n'est guère nouveau, une nouvelle association similaire à la nouvelle vague va essayer de promouvoir le cinéma francophone.

2) Traduisez le passage en français. (10 points)

It is true that there are many films who became cult movies in the world, they became timeless, let's take the example of La Haine, he had a big success in the 90's.

There is also the film The Intouchables of Omar Sy, the film had a success and now Omar is acting in Hollywood movies along with Vincent Cassel (Ocean 12) and Marion Cottillard (Inception), however the new generation has not heard of these films, therefore I think there is lots of work so that we can promote the French cinema to younger generation and beyond our borders.

Correction

1)

Box		Accept	Reject
1	Chaque année,	Each year,	
2	le festival de Cannes attire	the Cannes festival attracts	
3	des milliers de touristes	thousands of tourists	
4	le but est de récompenser le meilleur film	the aim/ goal/objective is to reward the best film,	
5	, le meilleur cinéaste ou le meilleur acteur/ actrice	the best film-maker or the best actor/actress	
6	d'une compétition internationale.	of an international competition.	
7	Beaucoup d'acteurs internationaux connus	Many famous/ well-known international actors	
8	ont reçu la Palme d'Or.	(have) received the Palme D'or(Golden Palm).	
9	Je pense que le festival	I think that the festival	
10	devrait récompenser plus	should reward more	
11	d'acteurs français pour les encourager	French actors in order to encourage them	
12	et promouvoir le cinéma français.	and promote the French cinema.	
13	Depuis longtemps,	For a long time,	
14	le film français ne parvient pas	the French film does not manage	
15	à remporter de grands prix,	to win big prizes,	
16	face à ce défi,	facing this challenge,	
17	qui n'est guère nouveau,	which is not scarcely new,	

18	une nouvelle association similaire	a new association similar
19	à la nouvelle vague va essayer de	to the new wave are going to try to
20	promouvoir le cinéma francophone.	promote the francophone cinema.

Conversion grid	
Numbers of ticks	**Mark**
19-20	10
17-18	9
15-16	8
13-14	7
11-12	6
9-10	5
7-8	4
5-6	3
3-4	2
1-2	1
0	0

2)

Box		Accept	Reject
1	It is true	il est vrai	
2	that there are many films	qu'il y a plusieurs films	
3	that became	qui sont devenus	Reject: ont devenu
4	cult movies in the world,	des films culte dans le monde,	
5	they became timeless,	ils sont devenus intemporels.	Reject: sans temps
6	let's take the example of La Haine,	prenons l'exemple de la Haine,	
7	he had	il avait eu/ il a connu /il a eu	

8	a big success in the 90's.	un grand succès dans les années 90.	
9	There is also the film	Il y a aussi le film	
10	The Intouchables of Omar Sy,	Les intouchables d'Omar Sy,	
11	the film had a success	le film a eu un succès	
12	and now Omar is acting	et maintenant Omar tourne dans	
13	in Hollywood movies along with	des films à Hollywood avec	Reject Hollywood films
14	Vincent Cassel and Marion Cottillard,	Vincent Cassel et Marion Cotillard,	
15	however, the new generation	cependant la nouvelle génération	
16	has not heard of these films,	n'a pas entendu parler de ces films/n'a pas entendu ces noms	
17	therefore, I think there is lots of work	donc je pense qu'il reste beaucoup de travail à faire/ il y a beaucoup de travail à faire	
18	so that we can	pour qu'on puisse/ pour que nous puissions	
19	promote the French cinema	promouvoir le cinéma français.	
20	to younger people and beyond our borders.	aux jeunes au-delà de nos frontières.	

Conversion grid	
Numbers of ticks	Mark
19-20	10
17-18	9

15-16	8
13-14	7
11-12	6
9-10	5
7-8	4
5-6	3
3-4	2
1-2	1
0	0

Le multiculturalisme

1) Traduisez le passage en anglais. (10points)

Jamel est né en France de parents marocains et sa famille se compose de 6 enfants dont il est l'aîné.
La France dont il rêve, serait un pays où tous les Français seraient acceptés quelles que soient leurs origines pour que tout le monde puisse vivre en harmonie.
C'est pour cette raison que Jamel lutte contre toute forme d'exclusion et surtout la discrimination envers les handicapés. C'est aussi pour des raisons personnelles puisque Jamel a perdu son bras droit lors d'un accident dans un train quand il était jeune.

2) Traduisez le passage en français. (10points)

We should accept other people with respect and tolerance. We need to remember that we are all unique. In an ideal world, disabled people would be able to work at the same jobs as others without being isolated. No prejudice would be attached to sexual orientation or a person's age. Ethnic groups would live together without conflict and we would finally be able to celebrate a truly diverse society. It might sound utopian idea; however, it is possible if we can change mentalities.

Correction
1)

Box		Accept	Reject
1	Jamel est né en France	Jamel was born in France	
2	de parents marocains	from Moroccan Parents/ his parents are Moroccan	
3	et sa famille se compose	and his family made up of /consist of	
4	de 6 enfants dont il est	6 children of which he is the	

	l'aîné	eldest	
5	La France dont il rêve serait un pays	France of which he dreams about would be a country	
6	où tous les Français seraient acceptés	where all French nationals/ citizens would be accepted	
7	quelles que soient leurs origines	whatever their origins are	
8	pour que tout le monde puisse vivre	so that everyone can live	
9	en harmonie.	in harmony.	
10	C'est pour cette raison	For this reason	
11	que Jamel lutte contre	Jamel fights against	
12	toute forme d'exclusion	all types of exclusion	
13	et surtout la discrimination	and especially discrimination	
14	envers les handicapés.	towards the disable people.	
15	C'est aussi pour des raisons personnelles	It is also for personal reasons	
16	puisque Jamel a perdu	because Jamel lost	
17	son bras droit	his right hand	
18	lors d'un accident	in train	
19	dans un train	accident	
20	quand il était jeune.	when he was younger.	

Conversion grid	
Numbers of ticks	**Mark**
19-20	10
17-18	9
15-16	8
13-14	7
11-12	6
9-10	5
7-8	4

5-6	3
3-4	2
1-2	1
0	0

2)

Box		Accept	Reject
1	We should accept other people	On devrait accepter les autres personnes	
2	with respect and tolerance.	avec respect et tolérance.	
3	We need to remember	On a besoin de se rappeler	Reject: on doit
4	that we are all unique.	qu' on est tous unique.	
5	In an ideal world,	Dans un monde idéal,	Reject adj before noun
6	disabled people would be able	les gens handicapés seraient capables	Reject: wrong adj agreement
7	to work at the same jobs	de faire le même travail/ de travailler au même postes	
8	as others without	que les autres sans	
9	being isolated.	être isolés.	isolé
10	No prejudice would be attached	Aucun préjugé ne serait lié/ attaché	
11	to sexual orientation	à l' orientation sexuelle	sexuel
12	or a person's age.	ou à l'âge de la personne/leur âge	
13	Ethnic groups would live	Les groupes ethniques vivraient	
14	together without conflict	ensemble sans conflit	
15	and we would finally be able	et nous serions capables	
16	to celebrate	de célébrer	without de

17	a truly diverse society.	une vraie société diverse.	vrai
18	It might sound utopian idea;	Cela peut paraitre comme une idée utopique,	
19	however, it is possible if	mais possible si	
20	we can change mentalities.	on peut changer les mentalités.	

Conversion grid	
Numbers of ticks	Mark
19-20	10
17-18	9
15-16	8
13-14	7
11-12	6
9-10	5
7-8	4
5-6	3
3-4	2
1-2	1
0	0

Les marginalisés

1) **Traduisez le passage en anglais. (10points)**

Selon l'article du journal l'Express, l'appel de l'Abbé Pierre en 1954 a provoqué un choc en France pour aider les Sans-abris, alors à l'occasion de son anniversaire, une centaine de SDF ont manifesté devant le Sénat.
Prenons à titre d'exemple Fatima, elle est divorcée, sans emploi, et elle a deux enfants à charge, il n'y avait pas assez de place dans un foyer, par conséquent on lui a demandé de se séparer de son enfant aîné. De plus les SDF qui étaient avec elle n'avaient pas accès aux soins médicaux, et certains docteurs ont refusé de les soigner. Il faut sensibiliser les gens à soutenir les SDF.

2) **Traduisez le passage en français. (10points)**

In the past we used to discriminate against disability.30 years ago, certain jobs were barred to disable people and fifty years ago it was hard for disable people to have job security.
Many people didn't realise that autistic children needed help.it seems to me that the government is not doing enough regarding the autistic children in schools, I find it hard to believe that it's difficult to take care of them. We should raise awareness and encourage people to help and support them so that everyone has an equal opportunity at work and in education.

Correction

1)

Box		Accept	Reject
1	Selon un article	According to an article	
2	dans le journal l'Express,	in the express newspaper,	
3	l'appel de l'Abbé Pierre	the call/ the appeal of Abbey Pierre	
4	en 1954 a provoqué	(has) provoked in 1954	
5	un choc en France	a Shock in France	
6	pour aider les Sans-abris,	to help the homeless people,	
7	alors à l'occasion de son anniversaire,	therefore, at the occasion of its anniversary,	
8	une centaine de SDF ont manifesté devant le Sénat.	hundreds of homeless people demonstrated in front of the Senate.	
9	Prenons à titre d'exemple Fatima,	Let's take the example of Fatima,	
10	elle est divorcée, sans emploi,	she is divorced, unemployed,	
11	et elle a deux enfants à charge,, il n'y avait pas	she also has two children she takes care of, there were not	Reject: She is in charge of two children
12	assez de places dans un foyer,	enough places in a shelter,	
13	par conséquent,	consequently, as a result, therefore,	
14	on lui a demandé de se séparer	they asked her to separate	Reject: we asked her
15	de son enfant aîné.	with/from her eldest child.	
16	De plus, les SDF qui	furthermore/ moreover/ in	

	étaient	addition to that, the homeless who were	
17	avec elle n'avaient pas accès aux soins médicaux,	with her did not have access to medical care,	
18	et certains docteurs	some doctors also	
19	ont refusé de les soigner.	refused to care for them/ treat them.	Reject: leur soigner
20	il faut sensibiliser les gens à soutenir les SDF.	We must raise awareness to support homeless people.	

Conversion grid	
Numbers of ticks	Mark
19-20	10
17-18	9
15-16	8
13-14	7
11-12	6
9-10	5
7-8	4
5-6	3
3-4	2
1-2	1
0	0

2)

Box		Accept	Reject
1	In the past we used to discriminate	Dans le passé on discriminait/ nous discriminions	
2	against disability.	contre le handicap/ contre les handicapés.	
3	30 years ago,	il y a 30 ans,	
4	certain jobs were barred	certains boulots étaient	

	to disable people and	interdits aux handicapés et	
5	50 years ago, it was hard for	il y a 50 ans, il était (c'était) difficile pour	
6	disable people to have job security.	un handicapé d'avoir une sécurité de l'emploi/ une sécurité au travail/boulot.	
7	Many people didn't realise that	Beaucoup de gens ne se sont pas rendu compte que	Reject: realisé
8	autistic children needed help.	les enfants autistes ont besoin d'aide.	
9	it seems to me that the government	Il me semble que le gouvernement	
10	is not doing enough regarding	ne fait pas assez concernant (en ce qui concerne)	
11	the autistic children in schools,	les enfants autistes dans les écoles,	Reject: wrong adj agreement
12	I find it hard	je ne crois pas	
13	to believe that it's difficult	que ce soit difficile	Reject: que c'est
14	to take care of them.	de s'occuper d'eux.	
15	we should raise awareness and	On devrait/ nous devrions sensibiliser et	
16	encourage people	encourager les gens	
17	to help and support them	à les aider et soutenir	
18	so that everyone has	pour que tout le monde ait	Reject: a
19	an equal opportunity	une opportunité équitable	
20	at work and in education	au travail et à l'éducation.	

Conversion grid	
Numbers of ticks	Mark
19-20	10
17-18	9

15-16	8
13-14	7
11-12	6
9-10	5
7-8	4
5-6	3
3-4	2
1-2	1
0	0

La criminalité

1) Traduisez le passage en anglais. (10 points)

La justice ne consiste pas uniquement dans la vengeance légitime et la punition des délinquants. Peu importe le rôle éducatif des établissements pénitentiaires pour mineurs et les centres éducatifs, qui eux aussi impliquent l'incarcération et tous les problèmes de réinsertion qui y sont associés.
Il faut reconnaître les causes et les effets de la délinquance. Notre société rejette les gens en situation précaire: C'est déjà une grosse injustice, si ces derniers répondent à l' indifférence de la société envers eux-mêmes par la violence ou la délinquance, ils seront de nouveau punis et ordinairement par l'incarcération.

2) Traduisez le passage en français. (10 points)

In order to make prisons less crowded, we should use alternative sanctions such as community service and electronic bracelets, also impose more suspended sentences.
Life imprisonment cost more than other sentences and is less effective to prevent re-offending. Death sentence is a violation of our human rights; however, life imprisonment has never reduced the criminality rate because in the USA the rate of offences is higher than Europe where it has been abolished. held for more than three decades.

Correction
1)

Box		Accept	Reject
1	La justice	Justice	
2	ne consiste pas	does not consist	
3	uniquement dans la	only in	
4	vengeance légitime et la punition	legitimate revenge and punishment	

5	des délinquants. Peu importe	of delinquents/criminals. Never mind	
6	le rôle éducatif des établissements pénitentiaires	the educational role of the prisons	
7	pour mineurs et les centres éducatifs,	for minors and the educational centres,	
8	qui eux aussi impliquent l'incarcération et tous	which also involve incarceration (imprisonment) and all	
9	les problèmes de réinsertion qui y sont associés.	the problems of integration that are associated with it.	
10	Il faut reconnaître les causes	We must recognise the causes	
11	et les effets de la délinquance.	and the effects of delinquency/crime.	
12	Notre société rejette	Our society reject	
13	les gens en situation précaire:	people who are in precarious situation:	
14	C'est déjà une grosse injustice,	It's already a huge injustice,	
15	Si ces derniers répondent à	if these people respond to	
16	l' indifférence de la société envers eux-mêmes	the injustice/indifference of the society towards them	
17	par la violence ou la délinquance,	by violence or delinquency,	
18	ils seront de nouveau punis	they will be punished for it again	Reject: new

19	et ordinairement	and usually	
20	par l'incarcération.	by incarceration/ imprisonment.	

Conversion grid	
Numbers of ticks	**Mark**
19-20	10
17-18	9
15-16	8
13-14	7
11-12	6
9-10	5
7-8	4
5-6	3
3-4	2
1-2	1
0	0

2)

Box		Accept	Reject
1	In order to make prisons	Pour rendre les prison	
2	less crowded	moins engorgées/ bondées	
3	we should use alternative sanctions	on devrait/nous devrions utiliser des peines alternatives	Reject: wrong dj agreement
4	such as community service	comme le travail d' intérêt général/le TIG	
5	and electronic bracelets,	et les bracelets électroniques	
6	also impose	ainsi qu'imposer/ aussi imposer	
7	more suspended sentences.	des peines de prison avec sursis.	Reject: suspendu

8	Life imprisonment	La réclusion à perpétuité/ la prison à perpétuité	Reject: la prison à vie
9	cost more than other	coûte plus chère que d'autres	
10	sentences and is less effective	peines et elle est moins efficace	
11	to deter re-offending.	pour empêcher le récidivisme.	
12	Death sentence is	La peine de mort est	
13	a violation of our human rights,	une violation de nos droits humains/de l'homme,	Reject: wrong adj agreement
14	however, life imprisonment	cependant, La réclusion à perpétuité	
15	has never reduced	n'a jamais réduit	
16	the criminality rate because	le taux de la criminalité parce que	
17	in the USA the rate of	aux États-Unis le taux	
18	offences are higher than Europe where	des délits est plus élevé qu'en Europe où	
19	it has been abolished for	elle a été abolie depuis	
20	more than three decades.	plus de trois décennies.	

Conversion grid	
Numbers of ticks	Mark
19-20	10
17-18	9
15-16	8
13-14	7
11-12	6
9-10	5
7-8	4
5-6	3
3-4	2
1-2	1

	0	0

Les ados et le droit de vote

1) Traduisez le passage en anglais. (10 points)

Selon un sondage les adultes pensent que les ados ne comprennent rien sur à la politique, pourtant il y a une nouvelle génération qui s'y intéresse vraiment, étant donné que les ados évoluent sous les décisions prise par les politiciens, il est évident que de nos jours les jeunes sont bien informés par rapport à la génération précédente ayant à peu près le même âge.
Beaucoup de gens sont sceptiques sur la maturité des ados, alors que plusieurs étudiants sont facilement influencés par la sensibilisation. On peut citer L'Ecosse comme un exemple vu que ce pays a donné le droit de vote aux ados lors du dernier référendum.

2) Traduisez le passage en français. (10 Points)

According to young people, they can bring many qualities to politics, for example they can bring new ideas, also their ways of working in groups and in collaboration with others, and as young people have a revolutionary tendency, they can go straight to the front.
According to them, we can encourage them to commit in politics using their strength, also their will to bring a change, as many of them have a different vision compared to the elders, which is positive.

Correction
1)

Box		Accept	Reject
1	Selon un sondage	According to a survey	
2	les adultes	adults	
3	pensent que les ados	think that teenagers/teens/young people	
4	ne comprennent rien à la politique,	do not understand anything about politics,	
5	mais il y a une nouvelle génération	but there is a new generation	
6	qui s'y intéresse vraiment.	who is really interested.	
7	étant donné que les ados	considering/given that	Reject: under

	évoluent sous	teenagers live by	
8	les décisions prise par les politiciens,	decisions taken by politicians,	
9	il est évident que de nos jours	it is evident that nowadays	
10	les jeunes sont bien informés par rapport	young people are well informed compared	
11	à la génération précédente ayant à peu près le même âge.	to the previous generation having more or less/ approximately the same age.	
12	Beaucoup de gens sont sceptiques,	Many people are sceptical,	
13	sur la maturité des ados	on the maturity of teenagers	
14	alors que plusieurs étudiants sont facilement influencés	because many students are easily influenced	
15	par la sensibilisation.	by raising awareness.	Reject: sensibilisation
16	On peut citer	We can quote/refer to	cite
17	L'Ecosse comme un exemple	Scotland as an example	
18	vu que ce pays a donné	given that this country gave	
19	le droit de vote aux ados	the right to vote to teenagers	
20	lors dernier référendum.	during the last referendum.	

Conversion grid	
Numbers of ticks	**Mark**
19-20	10
17-18	9
15-16	8
13-14	7
11-12	6

9-10	5
7-8	4
5-6	3
3-4	2
1-2	1
0	0

2)

Box		Accept	Reject
1	According to young people,	Selon les jeunes,	
2	they can bring	ils peuvent apporter/ramener	
3	many qualities to politics,	beaucoup de/plusieurs qualités à la politique	
4	for example, they can	, par exemple ils peuvent	
5	bring new ideas,	apporter des nouvelles idées,	Reject: wrong adj agreement or nouveaux
6	also, their ways of working in groups	en outre leurs façons de travailler en groupes	
7	and in collaboration with others	et en collaboration avec les autres,	
8	, and as young people	et comme les jeunes	
9	have a revolutionary tendency,	ont une tendance révolutionnaire	
10	they can go	, ils peuvent aller	
11	straight to the front.	directement au front.	
12	According to them,	Selon eux,	
13	we can encourage them	on peut les encourager	Reject: leur
14	to commit in politics	à l'engagement politique	
15	using their strength,	en profitant de/en utilisant leur force,	Reject: par utiliser

16	also, their will to bring a change	ainsi que leur volonté d'apporter un changement,	
17	as many of them	d'autant plus d'entre eux	
18	have a different vision	ont une vision différente de la vie	
19	compared to the elders,	par rapport aux aînés,	
20	which is positive.	ce qui est positif.	

Conversion grid	
Numbers of ticks	Mark
19-20	10
17-18	9
15-16	8
13-14	7
11-12	6
9-10	5
7-8	4
5-6	3
3-4	2
1-2	1
0	0

Les grèves et manifestations

1) Traduisez le passage en anglais. (10 Points)

Nous voulons que nos politiciens nous disent la vérité. Cependant, les gens ont de moins en moins une bonne appréciation à l'égard de la classe politique. Les gens font confiance aux docteurs et aux enseignants, par contre les politiciens ont, le plus souvent, une mauvaise réputation qu'ils ne méritent pas. Alors, que peuvent-ils faire pour se réhabiliter dans une telle situation? D'abord, ils devraient utiliser les réseaux sociaux afin qu'ils puissent communiquer avec les jeunes qui les méprisent plus que les aînés pour réparer les liens.

2) Traduisez le passage en français. (10 Points)

Yesterday, in Paris there was another demonstration of the yellow vests against the government's proposals concerning the decrease of the spending power. The protest started peacefully except for some minor scuffles, but the situation escalated later on. Union leaders were once again meeting with the Prime Minister so that they can overcome the deep disagreement on the current proposal. The demonstrators claim that they will not stop until their demands are accepted.

Correction

1)

Box		Accept	Reject
1	Nous voulons	we want	
2	que nos politiciens	that our politicians	
3	nous disent la vérité.	tell us the truth.	
4	Cependant, les gens	However, people	
5	ont de moins en moins	have less and less	
6	une bonne appréciation	good opinion/faith	
7	à l'égard de la classe politique.	regarding/about the political class.	
8	Les gens font confiance	People trust	
9	aux docteurs et aux enseignants,	doctors and teachers	
10	par contre les politiciens ont	however, politicians have	
11	le plus souvent, une mauvaise réputation	often a bad reputation	
12	qu'ils ne méritent pas.	which most of the time is not deserved.	Reject: does not have a merit
13	Alors, que peuvent-ils faire	Therefore, what politicians can do	Reject: that for que
14	pour se réhabiliter dans une telle situation?	to improve their image in this situation?	
15	D'abord, ils devraient utiliser	First of all, they should use	
16	les réseaux sociaux	social medias	
17	afin qu'ils puissent communiquer	in order to be able to communicate	

18	avec les jeunes qui les méprisent	with youth who hate them	
19	plus que les aînés.	more than the elders	
20	pour réparer les liens.	to repair the links/relationships.	

Conversion grid	
Numbers of ticks	Mark
19-20	10
17-18	9
15-16	8
13-14	7
11-12	6
9-10	5
7-8	4
5-6	3
3-4	2
1-2	1
0	0

2)

Box		Accept	Reject
1	Yesterday,	Hier,	
2	in Paris there was	à Paris il y avait	
3	another demonstration	une autre manifestation	Reject: demonstration
4	of the Yellow Vests	des Gilets Jaunes	Reject: Wrong adj agreement
5	against the government's proposals	contre la proposition du gouvernement	
6	concerning the decrease	en ce qui concerne/concernant la baisse	
7	of the spending power.	du pouvoir d'achat.	Reject: la force

8	The protest started	La manifestation a commencé	
9	peacefully except for	pacifiquement à l'exception	
10	some minor scuffles,	des rixes/bagarres mineures	
11	but the situation	mais la situation	
12	escalated later on.	s'est intensifiée/a dégénéré	a intensifié, escaladé
13	Union leaders	Les patrons/les chefs/les dirigeants des syndicats	
14	met once again with the Prime Minister	ont rencontré encore une fois le Premier Ministre	
15	so that they can overcome	pour qu'ils puissent surmonter	Reject: pouvoir
16	the deep disagreement	le désaccord profond	
17	on the current proposal.	de la proposition actuelle.	Reject: wrong adj agreement
18	The demonstrators	Les manifestants	les demonstrateurs
19	claim that they will not stop	revendiquent qu'ils ne s'arrêteront pas/ ils ne vont pas s'arrêter/ils ne cesseront pas	
20	until their demands are accepted.	jusqu'à ce que leurs revendications soient acceptées.	Reject: sont acceptées

Conversion grid	
Numbers of ticks	Mark
19-20	10
17-18	9
15-16	8
13-14	7
11-12	6
9-10	5
7-8	4

5-6	3
3-4	2
1-2	1
0	0

L'immigration

1) Traduisez le passage en anglais. (10 points)

En général, l'immigration est motivée par une grande désespérance des populations dans leurs pays. Ce rêve qui caractérise l'Europe est parfois surestimé par ces populations migrantes. Ce n'est plus une immigration de travail mais une immigration de désespoir. Aujourd'hui, de plus en plus d'immigrants sont des demandeurs d'asile qui deviennent souvent des clandestins. Depuis 10 ou 20 ans, l'immigration occupe régulièrement le devant de la scène politique pour donner lieu à des débats passionnés.
Depuis les années 1950, la France a connu des vagues d'immigration provenant non seulement des pays d'Europe mais aussi du Maghreb et d'Afrique noire.

2) Traduisez le passage en français. (10 points)

On the day after the announcement of another increase in the number of illegal immigrants in France, the supporters of the National Front gathered in the shopping streets of Calais to criticise the lack of action of the French government. About 50 people belonging to pro-migrant groups also gathered in the Street of The Port. Several brawls broke out in this atmosphere of tension and despair regarding the immigration problem. Reinforcement were sent in from police headquarter and more than 20 people were arrested, the situation remains worrying.

Correction
1)

Box		Accept	Reject
1	En général, l'immigration est motivée par	In general, immigration is driven by	
2	une grande désespérance des populations dans leurs pays.	high despair/lack of hope of the population/people in their countries.	
3	Ce rêve qui caractérise l'Europe	This dream which characterises Europe	
4	est parfois surestimé par	is sometimes over-estimated by	estimated

5	ces populations migrantes.	these migrants populations.	
6	Ce n'est plus une immigration de travail	It is no longer labourer immigration	
7	mais une immigration de désespoir.	but an immigration of despair.	
8	Aujourd'hui, de plus en plus d'immigrants	Today, more and more immigrants	
9	sont des demandeurs d'asile qui	are asylum seekers which	
10	deviennent souvent des clandestins.	often, they often become illegal.	Clandestine
11	Depuis 10 ou 20 ans,	For 10 or 20 years	since
12	l'immigration occupe	immigration occupies	
13	régulièrement le devant de la scène politique	the front political scene regularly	
14	pour donner lieu	to give place	
15	à des débats passionnés.	to passionate debates.	
16	Depuis les années 1950,	Since the years 1950.	
17	la France a connu	France has known	
18	des vagues d'immigration provenant	wave of immigrants coming	vague
19	non seulement des pays d'Europe mais aussi	not only from European countries but also	
20	du Maghreb et d'Afrique noire.	of Maghreb(North Africa) and black Africa.	

Conversion grid	
Numbers of ticks	Mark
19-20	10
17-18	9
15-16	8

13-14	7
11-12	6
9-10	5
7-8	4
5-6	3
3-4	2
1-2	1
0	0

2)

Box		Accept	Reject
1	On the day	Le jour	
2	after the announcement of	après l'annonce d'une autre	Reject: annoncement
3	another increase in the number	augmentation du nombre	
4	of illegal immigrants in France,	des immigrés clandestins/ en France,	Reject: wrong adj agreement
5	the supporters of	les partisans du	les supporteurs
6	the National Front gathered	Front National se sont rassemblés	ont rassemblé
7	in the shopping streets of Calais	dans la rue commerciale de Calais	
8	to criticise the lack	pour critiquer l'absence	
9	of action of the French government.	de réaction du gouvernement français.	
10	About 50 people	Une cinquantaine de personnes	Reject: 50
11	belonging to pro-migrant groups	appartenant aux groupes pro-migrants(en faveur des immigrés)	
12	also gathered in the	se sont mobilisés aussi dans	Reject: sont arrivé

	Street of The Port.	la Rue du Port.	
13	Several brawls	Plusieurs rixes/bagarres	
14	broke out in this	sont éclatés dans cette	
15	atmosphere of tension and despair	atmosphère/climat de tension et de désespérance	
16	regarding the immigration problem.	concernant le problème d'immigration.	
17	Reinforcement were sent in	Des renforts étaient envoyés	Reject: sont envoyés
18	from police headquarter and more than	du quartier général de la police et plus de	
19	20 people were arrested,	20 personnes étaient arrêtées,	Reject: étaient arrêté/ étaient arrêtée
20	the situation remains worrying.	La situation reste inquiétante.	

Conversion grid	
Numbers of ticks	Mark
19-20	10
17-18	9
15-16	8
13-14	7
11-12	6
9-10	5
7-8	4
5-6	3
3-4	2
1-2	1
0	0

Paper 2- Writing

In order to achieve the highest mark on this paper, you need:

- To ensure that the language you produce is mainly accurate with only occasional minor errors. You also need to demonstrate a good grasp of grammar and to use complex structures as well as wide range of vocabulary appropriate to the task.
- Demonstrate an excellent and detailed knowledge of the text or film. You need to justify your opinions and conclusions with supported evidence from the text or film.

Here are possible contents published on **AQA website** for your reference, they can also be used for Pearson or any other exam board (1)

MARK SCHEME – A-LEVEL FRENCH – 7652/2 – JUNE 2018 (1)

Mark Scheme:

1) **Quality of Language:**

	AO3
17-20	The language produced is mainly accurate with only occasional minor errors. The student shows a consistently secure grasp of grammar and is able to manipulate complex language accurately. The student uses a wide range of vocabulary appropriate to the context and the task.
13-16	The language produced is generally accurate, but there are some minor errors. The student shows a generally good grasp of grammar and is often able to manipulate complex language accurately. The student uses a good range of vocabulary appropriate to the context and the task.
9-12	The language produced is reasonably accurate, but there are a few serious errors. The student shows a reasonable grasp of grammar and is sometimes able to manipulate complex language accurately. The student uses a reasonable range of vocabulary appropriate to the context and the task.
5-8	The language produced contains many errors. The student shows some grasp of grammar and is occasionally able to manipulate complex language accurately. The student uses a limited range of vocabulary appropriate to the context and the task.
1-4	The language produced contains many errors of a basic nature. The student shows little grasp of grammar and is rarely able to manipulate complex language accurately. The student uses a very limited range of vocabulary appropriate to the context and the task.
0	The student produces nothing worthy of credit.

2) **The critical and analytical response to the question**

	AO4
17-20	**Excellent critical and analytical response to the question set** Knowledge of the text or film is consistently accurate and detailed. Opinions, views and conclusions are consistently supported by relevant and appropriate evidence from the text or film. The essay demonstrates excellent evaluation of the issues, themes and the cultural and social contexts of the text or film studied.
13-16	**Good critical and analytical response to the question set** Knowledge of the text or film is usually accurate and detailed. Opinions, views and conclusions are usually supported by relevant and appropriate evidence from the text or film. The essay demonstrates good evaluation of the issues, themes and the cultural and social contexts of the text or film studied.
9-12	**Reasonable critical and analytical response to the question set** Knowledge of the text or film is sometimes accurate and detailed. Opinions, views and conclusions are sometimes supported by relevant and appropriate evidence from the text or film. The essay demonstrates reasonable evaluation of the issues, themes and the cultural and social contexts of the text or film studied.
5-8	**Limited critical and analytical response to the question set** Some knowledge of the text or film is demonstrated. Opinions, views and conclusions are occasionally supported by relevant and appropriate evidence from the text or film. The essay demonstrates limited evaluation of the issues, themes and the cultural and social contexts of the text or film studied.
1-4	**Very limited critical and analytical response to the question set** A little knowledge of the text or film is demonstrated. Opinions, views and conclusions are rarely supported by relevant and appropriate evidence from the text or film. The essay demonstrates very limited evaluation of the issues, themes and the cultural and social contexts of the text or film studied.
0	The student produces nothing worthy of credit in response to the question.

Albert Camus: L'Étranger

Analysez comment Camus explore et explique la philosophie de l'Absurde dans ce récit.   [40 marks]

Possible content

- An explanation of the philosophy.
- Introducing the character of Meursault and how he embodies the philosophy of the absurd.
- Explanation of how Camus views life.
- Meursault's atheism.
- Description of the French society and attitudes.

Albert Camus: L'Étranger

« Les personnages de Camus inspirent notre dégoût plutôt que notre admiration. » Dans quelle mesure ce jugement est-il justifié?   [40 marks]

Possible content

- The misunderstanding of Meursault character by society – The fact that he was condemned for not crying during his mother's funeral.
- His honesty and refusal to follow the social conventions are to be admired.
- The killing of the Arab without any reason is not something to be admired.
- Marie's character and support for Meursault is to be admired.
- Raymond should be in the not to be admired camp for the way he treats women and for leading Meursault to his death.
- Salamano may also be in the not to be admired camp for the ill treatment of his dog.

Albert Camus: L'Étranger

Analysez comment le comportement et les attitudes de Meursault mènent à sa mort à la fin du récit.   [40 marks]

Possible content

- Meursault attitude when he knew about his mother's death.
- His relationship with his mother.
- His behaviour before and during the funeral (smoking, drinking coffee, showing no sorrow or tears).
- His relationship with Marie: swimming, making love, cinema.
- His relationship with Raymond, writing the letter for him, testifying in his favour at the police station, accepting his invitation to the beach house, holding the gun, all these events led him to his guillotine.

- His relationship with the legal system.
- The witness statements and their contribution to the trial.
- Linking all events that led him to be given the death sentence.

Albert Camus: L'Étranger

Dans quelle mesure peut-on dire que L'Étranger est un récit philosophique? [40 marks]

Possible content

- Description of the absurdism.
- No reference to this philosophy in the novel, however we can see evidence that its principles are imbedded on Meursault's character.
- Meursault's thoughts and behaviour do not follow any rational order.
- No logic to Meursault's actions. But society through the justice system tries, almost needs to endow these thoughts and actions with a rational explanation.
- Our shock as well as disturbance about the notion that things happen for no reason.
- An attempt in the second part to give a rational explanation for Meursault's action.

Mathieu Kassovitz: La Haine

Analysez la représentation de la vie en banlieue dans ce film. Dans quelle mesure est-ce que c'est une représentation justifiée? [40 marks]

Possible content

- Degraded and dilapidated buildings.
- Families live in overcrowded rooms.
- Ethnic mix.
- Boredom – gathering on roof as they have nowhere to go. Sitting and doing nothing during the 24h.
- Lack of education.
- Split society resulting in delinquency and riots.

Mathieu Kassovitz: La Haine

« La Haine est sans doute un film pessimiste et anti-autoritaire » Dans quelle mesure êtes-vous d'accord avec ce jugement? [40 marks]

Possible content

- Life in the suburb.
- Police brutality and racism.
- Aggressive behaviour of the protagonists.
- The vicious circle- Hate attracts hate.
- No opportunities for the youth in the suburbs, despite the fact that some like Hubert would like to leave.

Mathieu Kassovitz: La Haine

« Les trois jeunes protagonistes de La Haine ne sont que des stéréotypes généraux et le scénario est peu probable. » Dans quelle mesure êtes-vous d'accord avec ce jugement? [40 marks]

Possible content

- Introducing the three protagonists and their characters.
- Vinz and his aggression, violence, his desire for revenge.
- Hubert and his desire to get out of the suburbs.
- Saïd and his survival in the suburbs.
- The real historical context. These events actually happened in Paris.
- Referencing to a different event in Paris where violence takes place up to today.

Mathieu Kassovitz: La Haine

« Pour beaucoup de critiques, La Haine est un chef d'œuvre du cinéma. » Dans quelle mesure êtes-vous d'accord avec ce jugement? [40 marks]

Possible content

- Kassovitz tackles a difficult and controversial subject head-on.
- Rawness of presentation and a 'no holds barred' approach.
- Images of violence, hatred, racial tension, racism all are stark and bold.
- The film thus has a great impact thematically.
- The 'wake-up' call aspect of the film.
- Public reaction to the film including politicians' reaction.
- The global impact cinematographically-speaking of the film.

Technically/stylistically:
- Characterisation – strongly drawn and portrayed protagonists especially Vinz and Hubert.
- Filming in black and white.
- The documentary style and the use of real-life footage of the riots.
- The use of the clock and the effectiveness of this.
- The tension and suspense.
- The final scene and the circular structure of the film.

Other examples of novels to study (1):

Molière: Le Tartuffe

Analysez comment le comportement d'Orgon est influencé par son obsession avec le pouvoir et le contrôle. [40 marks]

Possible content

- Orgon is controlled by Madame Pernelle and Tartuffe who have stronger personalities.
- Orgon's view of piety influenced by Tartuffe.
- Due to Tartuffe's control, Orgon has been dehumanised.
- His willingness to sacrifice his daughter.
- He worries more about appearance than true faith.
- His obsession with Tartuffe and no consideration of the effect on his family.
- Tartuffe's involvement with the family affairs led to tensions between Orgon and his wife.
- Despite Orgon's obsession with Tartuffe, his wife continued to love him.
- The exposure of Tartuffe as a fraud and Orgon's reaction.

Molière: Le Tartuffe

«Le Tartuffe est une pièce satirique.» Dans quelle mesure êtes-vous d'accord avec ce jugement? [40 marks]

Possible content

- Social conventions which determine a character's behaviour are portrayed as being selfish, vain and hypocritical.
- Characters of a higher class are ridiculed by characters of a lower social class who are more perceptive.
- False piety as a means of representing one's social standing is mocked.
- False piety as a means of furthering personal gain is exposed, mocked and shown to be ultimately fruitless.
- Orgon's patriarchal values are short sighted and put his family at risk.
- Elmire's love for Orgon and her family are stronger than Tartuffe's false love and piety. True love wins in the end.
- Love for personal gain and a family's reputation ultimately fails.
- Reason and truth win in the end as Tartuffe is exposed as a fraud.
- Orgon's irrational and exaggerated behaviour is in contrast with the reasoned
- behaviour of other characters, thus satirising his beliefs.
- The structure of the family and the roles of individuals in it are scrutinised, therefore exposing many flaws.

Guy de Maupassant: Boule de Suif et autres contes de la guerre

Analysez les aspects positifs et négatifs de la guerre tels qu'ils sont présentés dans au moins deux des contes de Maupassant. [40 marks]

Possible content

Positive:
- Acts of heroism.
- Ordinary people thrown into extraordinary situations because of the war.
- How different characters react to the war.
- Examples of courage and patriotism.

Negative:
- Treatment of women by the soldiers.
- Hypocrisy of the characters shown through the situation they find themselves in.
- How war changes the behaviour and moral values of the characters.
- The people who suffer most are poor people, the rich remain relatively unscathed.
- How 'la nature humaine' is revealed through the circumstances brought about by the war. Maupassant's use of exaggerated stereotypes to highlight how normally unacceptable behaviour becomes acceptable during the war.

Guy de Maupassant: Boule de Suif et autres contes de la guerre

Analysez comment Maupassant utilise les rapports entre Boule de Suif et ses compagnons pour illustrer l'hypocrisie de ces derniers.   [40 marks]

Possible content

- There will be a well-documented analysis of the relationships between the characters and how these relationships develop during the story.
- There will be clear evidence of how their behaviour shows hypocrisy.
- At the start of the journey, Boule de Suif feels inferior to her travelling companions but happily, shares her food with them.
- From the start they look down on her but are polite because they want her food.
- The other travellers appreciate her company and share her political views.
- The male travellers find her attractive and charming.
- Her generosity is not reciprocated by the other travellers.
- They judge her because she is from a different social class and because she is a prostitute.
- They see nothing wrong with their behaviour towards her and see no reason why she should not sacrifice herself for them with the Prussian officer.
- They judge her and yet she is the better person as she is selfless.
- Their own cowardliness leads them to judge her.
- They judge her easily and yet are happy to benefit from her actions – hypocrisy.
- During the final journey they refuse to share their food with Boule de Suif, looking down on her because of what she has done.
- Boule de Suif says nothing, realising that they may judge her but that she has made sacrifices for them and they are unworthy of her.

Françoise Sagan: Bonjour Tristesse

«Les personnages dans Bonjour Tristesse ne sont ni bons ni mauvais. » Dans quelle mesure êtes-vous d'accord avec ce jugement? [40 marks]

Possible content

- Cécile views her father through rose-tinted glasses.
- Her father not setting boundaries did result in bad behaviour.

- The tragic death of Anne was an attempt to destroy her relationship by Cécile due to her insecurity.
- Anne's traditional values regarding family.
- Elsa conspires with Cécile to destroy Raymond and Anne's relationship, ending in the tragic and unpredictable death of Anne.
- Elsa inability to be role model to Cécile.
- Raymond's attitude to love and women.
- Raymond loves Cécile but not a firm and strong father.

Françoise Sagan: Bonjour Tristesse

Analysez comment Sagan développe le caractère du personnage de Cécile au cours du roman Bonjour Tristesse. [40 marks]

Possible content

- Cécile's poor behaviour is due to her father's poor parenting.
- Cécile's stubborn character.
- Cécile is intelligent yet immature.
- Her self-centredness leads her to making choices that will have dire consequences. (Anne's death).
- Cécile accepts Raymond and Elsa for who they are as their flawed personalities do not pose a threat to her.
- Her admiration and envy of Anne shows that Cécile respects her strong maternal instincts but sees her as a threat to the relationship between her father and herself.
- Cécile prefers her father to have a shallow relationship with Elsa as opposed to a more meaningful one with Anne.
- Cécile's relationship with Cyril is just as shallow as the relationship Raymond has with Elsa.
- Cécile uses Cyril in the plot to oust Anne from her father's life.
- Cécile realises and deeply regrets that her actions led to Anne's death.
- Claire Etcherelli: Elise ou la vraie vie

Françoise Sagan: Bonjour Tristesse

Analysez comment Etcherelli présente la recherche par Elise de la vraie vie. [40 marks]

Possible content

- There will be a clear explanation of what Elise believed «la vraie vie» to be and clearly documented analysis of the extent to which she experiences this when she goes to work in Paris.
- At the start of the novel Elise lives a very dull life, trapped in poverty and trying to support Lucien. She has dedicated her life to her brother and has done very little for herself.
- Lucien talks to her about «la vraie vie» and about the opportunities they could have to do whatever they want.

- Elise respects Marie-Louise for working after having a baby and supporting her family.
- When Lucien goes to Paris she feels abandoned and when he writes asking her to join him she is excited by the thought of living her life for the first time.
- She takes the train for the first time and feels that the «vraie vie» is about to begin.
- In Paris work in the factory is extremely hard and she begins to feel trapped.
- The hours are long and leave her so tired there is no time for anything else. It is a vicious circle of work and sleep with very little money left at the end of each week.
- She thinks of returning home to her grandmother but wants to stay longer to earn more money and wants to be part of «la vraie vie» with Lucien, Henri and Anna.
- She enjoys being part of the meetings about the war in Algeria.
- When she meets Arezki this is her first experience of a relationship as her life previously had always revolved around Lucien.
- Elise experiences «la vraie vie» but it is not everything she imagined and ultimately, she returns to her previous life with her grandmother in Bordeaux. The dream ends with Lucien dead, Arezki gone and Elise all alone and disillusioned.

Françoise Sagan: Bonjour Tristesse

Analysez l'importance d'Henri. Dans quelle mesure est-il responsable de tout ce qui arrive à Elise et Lucien?   [40 marks]

Possible content

- There will be clearly documented evidence of Henri's role in the novel and his relationship with Lucien. Evidence should be presented to show to what extent he is to blame for what happens to Elise and Lucien.
- Henri is from a different social class and has never had to experience poverty.
- He encourages Lucien with revolutionary talk and makes him realise there is more to life than the limited life Lucien has experienced so far.
- Henri sees Lucien as a victim of society (an orphan, poor, married too young) who is trapped by circumstances.
- He perhaps also sees that Lucien can be easily manipulated by him.
- In Paris Henri is there encouraging Lucien and Elise to live «la vraie vie» and to carry out the anti-war demonstrations/propaganda.
- Henri is part of the life they are living in Paris without having to experience it first-hand as he does not have to work in a factory to support himself.

- Henri becomes frustrated with Lucien because he has become an «ouvriériste» and is too exhausted to write about the war. He feels the factory workers don't care about the war in Algeria.
- Henri does not understand that Lucien is trapped in a vicious circle of life as a factory worker. He has no time or energy for anything else.
- Lucien is doing what Henri wanted by coming to Paris but is unable to help as Henri had expected.

- Henri could be blamed for everything that happens as without him Lucien and Elise would never have had the courage to go to Paris. However, it could also be argued that it was their choice. Lucien became obsessed with working in the factory and being part of the campaigns and therefore the blame lies with him.
-

Joseph Joffo: Un sac de billes

Analysez les effets de la guerre sur l'enfance des frères Joffo. [40 marks]

Possible content

- The boys unawareness of the meaning Jewish before the war.
- Whenever Maurice win, Joseph cries.
- Without the help of the family, they had to learn fast in order to support themselves.
- They left the children life as soon as they left Paris.
- They learn not to show any feelings.
- They learn the importance of doing business to survive.
- Joseph preference to work in the bookshop rather than playing or going to school.
- The war took away their childhood.
- Use of humour often to break the tension at difficult points in the story.
- they rediscover their childhood when they were in Marseille.

Joseph Joffo: Un sac de billes

«Vous êtes juifs mais ne l'avouez jamais.» Analysez dans quelle mesure les conseils du père Joffo sont importants pour la survie des deux frères. [40 marks]

Possible content

- The boys unawareness of the meaning Jewish before the war.
- Joseph realised how serious is the situation when his father hit him.
- Joseph did follow his father's advice despite the fact that he did not understand the reason his father told him to never admit he is Jewish.
- Joseph realised that they have to lie in order to survive.
- They never admit being Jewish even to trustworthy people (Old lady and the priest and even to other Jewish).
- The boys survived because no one knew they were Jewish.
- They also survived because they knew how to look after and take care of themselves.

Faïza Guène: Kiffe kiffe demain

«Kiffe kiffe demain présente une image totalement négative des immigrés.» Dans quelle mesure êtes-vous d'accord avec ce sentiment? [40 marks]

Possible content

- Positive image of immigrants.
- A strong community due to faith and family.
- The younger generation generally tries to live in a more multicultural society.
- Educational opportunities can help young immigrants to do better than their parents.
- Negative portrayal of immigrants.
- The younger generation of immigrants found it hard to break away from traditional family values.
- Criminality and delinquency in the suburbs.
- Male characters are often violent and controlling of female characters.
- Family and community are dominated by males.

Faïza Guène : Kiffe kiffe demain

Analysez comment les différents aspects de l'amour sont présentés dans Kiffe kiffe demain. [40 marks]

Possible content

- There is often gender inequality in relationships.
- The relationship between Doria's parents is not healthy.
- The older generation's relationships there is male authority as well as domestic violence.
- Doria initial scepticism of Nabil which has changed later on.
- Doria does not want to be Hamoudi's girlfriend.
- Samra's attempt to find a man outside of her community has been viewed as positive by Samra.

Philippe Grimbert: Un secret

Analysez comment Grimbert utilise les générations différentes dans sa présentation de la famille du narrateur dans Un secret. [40 marks]

Possible content

- Both generations of the Grimbert family are traumatised by the Holocaust.
- Maxime and Hannah's relationship is founded on traditional Jewish family values.
- Maxime betrays Hannah, and thus traditional family values, by having an affair with Tania.
- The revelation of the past helps to heal the rift between the narrator and his parents.
- There is a stronger bond between Simon and Maxime than Maxime and the narrator.
- The narrator and his parents are very different physically and mentally.
- The narrator has always felt that he had a brother and that there was a missing link between him and his parents.
- The narrator uses an imaginary brother to cope with family stresses.
- Louise deals with the past in such a way as to partly heal the problems which are the source of the family's issues.

Delphine de Vigan: No et moi

Analysez comment les rapports familiaux affectent la vie des personnages principaux dans ce roman.   [40 marks]

Possible content

- The behaviour of No and Lou was affected by the effect of past events had on their parents.
- Lou and No's family issues.
- No and Lou insecurity due to the dysfunctional families.
- The absence of Lucas' parents makes him more resilient as opposed to making him insecure.
- The understanding and support of Lou by her parents.
- The lack of support by No's parents.
- Lou's parents become No's adoptive parents.
- The transition from being positive to falling apart and ultimately No's departure.
- The two girls and Lucas support each other.

Delphine de Vigan: No et moi

L'histoire de No et moi est racontée à la première personne. Quels sont les avantages et les inconvénients de cette approche?   [40 marks]

Possible content

Advantages:

- There will be an understanding and intimacy between Lou and the reader.
- It allows the reader to experience Lou's thoughts and perceptions more deeply.
- Deeper understanding of Lou's relationship with No.
- Experience Lou's emotions and feelings.
- Detailed on how Lou views her parents and the effect they have on her life.

Disadvantages:

- The reader does not understand Lou's parents.
- The story is limited to what Lou perceives.
- The details could have been more detailed.
- Lucas's feelings are not explored.

Other examples to study:

Louis Malle: Au revoir les enfants

Analysez l'importance du thème de l'enfance dans ce film. A votre avis est-ce le thème le plus important?   [40 marks]

Possible content

- The title which talk about the childhood which is the key element.
- The influence of the older pupils on the younger one with regards to authority.
- The Presence of the German army in France and its impact on the children.
- The different experience of Julien and Jean.
- The loss of childhood.
- Justification of whether childhood is the most important theme or not.

Cédric Klapisch: L'auberge espagnole

«L'auberge espagnole est avant tout l'histoire d'un jeune homme qui découvre son identité.» Dans quelle mesure, à votre avis, ce jugement est-il valable? [40 marks]

Possible content

- Justify whether you agree or disagree with the judgement.
- Talk about Xavier's adventures and experiences.
- Explore the notion of nationality and national identity.
- The rediscovery of Xavier aspiration to be a writer.
- The impact of the trip on Xavier when he returned to Paris.

Jean-Pierre Jeunet: Un long dimanche de fiançailles

Analysez les actions et le comportement de Mathilde dans ce film et comment les autres personnages y réagissent. [40 marks]

Possible content

Mathilde's reaction to the condemnation of Manech.
Seeking assistance and sympathy using her disability.
Her determination to find out the truth.
Write to other soldiers condemned alongside Manech as well as officers to find out what happened.
Visits graveyard and battlefield.
Befriends Célestin Poux who will help her track down the truth.

Discussion of how other characters in the film react to Mathilde's actions.
include at least another character.

Jean-Pierre Jeunet: Un long dimanche de fiançailles

Analysez les techniques cinématographiques et leur contribution au film Un long dimanche de fiançailles.   [40 marks]

Possible content

- Contrast 'past' and 'present', battlefield and home by using colour.
- Using sound effects: silence, music to create sense of realism.
- Put an emphasis on memory by repeated scenes from different points of views.
- Narration and storytelling.
- Reinforce emotional response and reaction.
- Costumes – to recreate a sense of period and locate the action in a particular time.

Laurent Cantet: Entre les murs

Analysez comment Cantet présente la scolarité dans ce film. Comment jugez-vous son traitement de ce thème?   [40 marks]

Possible content

- Constant conflict between teachers and students as well as between students themselves.
- Poor classroom behaviour.
- fights and bad language in the classrooms.
- Students not engaged with their learning.
- Disaffected teachers.
- Lack of support from parents.
- Inappropriate/irrelevant curriculum and classroom activities.
- Pointless emphasis on French grammar.
- unbalance between educational demands and life outside school.
- Students not respecting each other.
- Lack of social skills.

Laurent Cantet: Entre les murs

«Grâce aux moyens que Monsieur Marin utilise pour éduquer ses élèves il connaît une réussite totale en tant que professeur. » Dans quelle mesure êtes-vous d'accord avec ce jugement?   [40 marks]

Possible content

- Marin's teaching skills.

- Listens to student views.
- Maintains discipline.
- Behaviour management skills.
- Attempts to provide more relevant curriculum.
- Fair and firm.
- Creates atmosphere of mutual respect.
- Creates a positive working atmosphere.
- Creates better relationships between students.
- Builds students' self-esteem.

Check the essays below for examples of complex structures: (They are in bold):
Use of passive voice (1)
Use of Subjunctive (2)
Use of different pronouns (3)
Use of Superlative/Comparative (4)
Use of Si clause (5)
Use of gerund/ Present participle (6)
Use of infinitive /Infinitive past (7)

La Haine- Essay 1

« Le film la haine devrait être étudié par les générations futures. » Dans quelle mesure êtes-vous d'accord avec ce jugement ?   [40 marks]

Après avoir regardé le film (7), je pourrais dire que le film la haine est un véritable film coup de poing lors de sa sortie en 1995, le film est intemporel et toujours en lien avec le contexte social actuel. **Il a été tourné par Mathieu Kassovitz (1). Le film est inspiré d'une histoire vraie d'un jeune tué d'une balle dans la tête par un policier (1)** lors de sa garde à vue. Il ne donne raison ni au protagoniste ni à la police. Il montre juste comment la haine a divisé la société en France. Mathieu Kassovitz s'est servi de nombreuses stratégies pour faire réagir le public **en analysant (6)** la société française telle que la vie lamentable des jeunes dans les banlieues c'est un testament qui devrait être étudié par les générations futures.

Prenons à titre d'exemple, l'utilisation de l'image noir et blanc, en premier lieu le film a été tourné en couleur, mais mis en noir et blanc au montage, une stratégie très efficace que 21 ans plus tard le metteur en scène a pu rappeler aux spectateurs qu'il ne s'agit pas d'un film comique mais d'un film où se déroulaient des événements dramatiques, **ce qui (3)** est une réalité dans la banlieue. Mathieu Kassovitz a réussi son coup **en montrant(6)** que le manque de couleurs renforce l'image sombre et déprimante de la vie dans la banlieue. C'est une stratégie **qui (3) a** obtenu son objective et **qu**i devrait être étudiée par les générations futures. Il faut aussi tenir compte que la plupart des scènes à Paris **soient (2)** tournées pendant la nuit **mettant (6)** en valeur un autre côté de Paris **qui (3)** est violent, le réalisateur brise l'image de Paris qui est une ville romantique.

Ce qui m'a frappé le plus c'est le début du film, on a vu des images d'émeutes ,**ce qui (3)** renforce davantage le côté réaliste du film. Le fait qu'on ait écouté des paroles violentes de Bob Marley, le metteur en scène a pu sensibiliser le public et **le (3)** laisser réfléchir à **ce qui (3)** va se passer plus tard dans le film. De plus, le hip hop est toujours conçu comme des chansons de révolte, une technique puissante pour **qu'il puisse (2)** montrer à l'audience et aux générations futures que des confrontations entre les jeunes et les forces de l'ordre existent, et à la fin du film le générique est mis en silence, c'est une technique qui permet aux spectateurs d'absorber le choc **qui** vient de se passer.

Mathieu Kassovitz a introduit les personnages d'une façon originale, **ce qui (3)** est sans doute ma technique préférée et **la plus importante (4)** du film, une technique **que (3)** les générations futures peuvent utiliser **en introduisant (6)** les acteurs principaux. L'introduction est typographique, d'abord Saïd a écrit son prénom comme graffiti sur le camion de police, il a aussi changé le message ironique " le future est à vous/nous", **ce qui (3)** est à mes yeux un message très puissants pour montrer au public et aux générations futures son caractère enfantin, tandis que Vinz s'est introduit quand la caméra a avancé vite vers sa bague qui est sous une forme d'un poigné américain **ce qui (3)** renforce davantage son côté violent. Par contre, le nom d'Hubert est sur l'affiche dans la salle de boxe. **Le fait que Hubert soit (2)** tourné au ralenti suggère qu'il est différent des autres. **Ce dernier (3)** représente l'aspect pacifiste par exemple il a dissuadé Vinz **de ne pas tuer (7)** le policier, sa référence est constamment " La haine attire la haine", il est plus respectueux envers sa famille. Cette technique est très efficace pour montrer aux générations futures que les banlieusards ne sont pas tous violents , étant donné qu'il y a certains qui veulent quitter la banlieue.

Ce **que l'on peut** dire pour conclure, c'est **que** Mathieu Kassovitz a pu provoquer certaines émotions chez le public. Il a réussi à choquer l'audience **en utilisant** des techniques efficaces et fortes afin d'atteindre certains objectifs. J'estime que Kassovitz a réussi à créer un impact fort, non seulement sur le public de cette époque, mais aussi **celui (3)** d'aujourd'hui. Par contre, **si j'étais le metteur en scène, j'ajouterais (5)** un peu de l'humour dans le film pour montrer au public que les gens de la banlieue ont de l'humour aussi, en dépit de leur situation difficile.

La Haine- Essay 2

Analysez les influences principales sur Mathieu Kassovitz. A votre avis, est-ce que ces influences ont été plus fortes sur ses thèmes ou sur ses techniques ? [40 marks]

Après avoir regardé le film (7) je pourrais dire que la Haine' est un film basé sur une histoire vraie. Il a été tourné en 1995 et c'est un film qui **a été influencé par des événements (1)** qui se sont produits dans la banlieue de Paris. Le film s'est concentré sur les thèmes de l'identité, le respect et la violence entre les jeunes banlieusards et les forces de l'ordre. Le film est inspiré d'une histoire d'un jeune qui **a été tué par un policier (1)** lors de sa garde à vue.

Premièrement, les sujets dramatiques dans notre société, comme le racisme et la discrimination ont influencé Kassovitz à utiliser l'image en noir et blanc pour mettre l'accent sur les conflits entre les minorités ethniques et la police. Je pense **que (3)** cette influence a été plus forte sur la technique, donc le noir représente les banlieusards, tandis que le blanc représente la police car ils étaient sur le côté opposé. Il y a deux façades de Paris, et cela a poussé Kassovitz à montrer au public la réalité parisienne, alors il a choisi le manque des couleurs pour être ironique, puisque Paris est perçue toujours par les gens comme une ville très romantique et vivante donc il a décidé de briser cette image, **en la (3) montrant (6)** comme une ville très sombre dans le film, aussi on peut constater la tristesse et la vie déprimante de la cité.

Deuxièmement, **Kassovitz a également été influencé par le malaise (1)** des jeunes banlieusards issus de l'immigration, le mauvais traitement que les jeunes, dans la banlieue reçoivent souvent de la police et c'est une chose qu'on peut voir constamment sur les actualités. Kassovitz a utilisé l'agressivité de Vinz comme un exemple pour montrer comment la France traite les immigrants, et comment les politiciens ont choisi de **les (3)** rassembler tous dans les mêmes cités et **les (3)** discriminer. Pour cette raison, Mathieu Kassovitz a introduit les personnages d'une façon originale, **ce qui (3)** est sans doute ma technique préférée et **la plus importante (4)** du film. D'abord Saïd ia écrit son prénom comme graffiti sur le camion de police, il a aussi changé le message ironique " le future est à vous/nous", ce qui est à mes yeux un message très puissant, tandis que Vinz s'est introduit quand la caméra a avancé vite vers sa bague qui est sous une forme d'un poigné américain ce qui renforce davantage son côté violent. Par contre, le nom d'Hubert est sur l'affiche dans la salle de boxe. Le fait que Hubert **soit** tourné au ralenti, suggère qu'il est différent des autres, il représente l'aspect pacifiste. Par exemple ,**ce dernier (3)** a dissuadé Vinz de ne pas tuer le policier et sa référence est " La haine attire la haine", il est plus respectueux envers sa famille. Cette technique est très efficace pour montrer que les banlieusards ne sont pas tous violents , étant donné qu'il y a beaucoup d'entre **eux (3)** veulent quitter de la banlieue. Cette technique a été utilisée pour représenter le thème de la violence et montrer que les jeunes n'avaient pas beaucoup de choses à faire pendant la journée donc ils ressentent la haine envers la société et la police. **Si je pouvais changer quelque chose dans ce film, je montrerais (5)** peut-être la vie d'un policier aussi, pour comprendre son point de vue.

Le film a commencé par des images d'émeutes, **ce qui (3)** renforce davantage le côté réaliste du film. Il a montré aussi les tensions raciales entre les jeunes et la police. On a écouté des paroles violentes de Bob Marley. Cette technique du son est efficace, surtout à la fin quand le générique est mis en silence pour permettre aux spectateurs d'absorber le choc qui vient de se produire. À l'époque, ce thème était un tabou, cependant, on voit la même violence aujourd'hui comme si rien n'a changé .

Pour conclure, je dirais que l'influence principale de Kassovitz a été le manque de la sensibilisation sociale d'une réalité française sur la brutalité de la police qui était très présente dans la vie quotidienne des jeunes. Cela a influencé le metteur en scène **que (3) j'ai étudié.** Cependant, il me semble que toutes les influences ont été plus fortes sur ses thèmes comme le racisme et les différences entre la police et les minorités ethniques, donc il a utilisé des techniques très efficaces pour évoquer ses thèmes et ses messages.

La Haine Essay 3

« Pour beaucoup de critiques, La Haine est un chef d'œuvre du cinéma. » Dans quelle mesure êtes-vous d'accord avec ce jugement? [40 marks]

Après avoir étudié le film (7) je pourrais dire **que la haine est un film qui a été tourné en 1995 par Mathieu Kassovitz (1)**. Le film est inspiré d'une histoire vraie **d'un jeune qui a été tué par un policier (1)**. Matthieu Kassovitz s'est servi de nombreuses stratégies pour faire réagir le public, **en analysant (6)** la société française et le fait que le film **soit (2)** intemporel, c' est un testament, **voire** un chef d'œuvre du cinéma.

Bien que le film **soit** tourné en couleur, Kassovitz **(3) l'a** changé au montage en noir et blanc, une stratégie très efficace **en rappelant** aux spectateurs qu'il ne s'agit pas d'un film d'action ou comique mais plutôt un film qui contient des événements dramatiques, **ce qui (3)** est une réalité dans la banlieue. Mathieu Kassovitz a réussi **en montrant (6)** que le manque des couleurs renforce l'image sombre et déprimante de la vie dans la banlieue. Le temps sur l'écran montre la vie ennuyeuse en 24h et le tic-tac s'ajoute au suspense. La plus part des scènes à Paris **étaient** tournées pendant la nuit, **mettant (6)** en valeur un autre côté de Paris qui est violent et déprimant au lieu d'une ville romantique. Seuls les chefs d'œuvre peuvent influencé le public 21 ans plus tard. **Si je pouvais changer quelque chose dans ce film, je comparerais (5)** la vie de trois jeunes français qui vivent à Paris.

Le film a commencé par des images d'émeutes, **ce qui (3)** renforce davantage le côté réaliste du film, ainsi que les tensions raciales entre les jeunes et la police. On a écouté des paroles violentes de Bob Marley. Cette technique du son est efficace, surtout à la fin quand le générique est mis en silence, pour permettre aux spectateurs d'absorber le choc **qui (3)** vient de se produire. On voit la même violence aujourd'hui comme si rien n'a changé. À l'époque ce thème était un tabou donc il a eu un impact sur les gens que seul les chefs d'œuvre peuvent produire.

Mathieu Kassovitz a introduit les personnages d'une façon typographique ,**ce qui (3)** est sans doute la technique **la plus intéressante (4)**. Saïd a écrit son prénom comme graffiti sur le camion de police, il a changé le message ironique " le future est à vous/nous", **ce qui (3)** est à mes yeux un message très puissant, tandis que Vinz est introduit quand la caméra a montré sa bague, **ce qui** renforce davantage son côté violent. Vinz ne parle que de vengeance, par contre le nom d'Hubert est sur l'affiche dans la salle de boxe. Le fait que Hubert **soit** tourné au ralenti suggère qu'il est différent des autres, il est pacifiste. Par exemple, il a dissuadé Vinz de ne pas tuer le policier et sa référence est " La haine attire la haine". Selon moi, le film a eu un impact dans le monde cinématographique. On mentionne ce film chaque fois qu' il y a des tensions raciales, donc c'est une preuve qu'il s'agit d'un chef d'œuvre.

Ce que l'on peut dire pour conclure, c' est **que (3)** Mathieu Kassovitz a pu provoquer certaines émotions chez le public. Il a réussi à **les (3)** choquer en **utilisant (6)** des techniques efficaces et fortes afin d'atteindre certains objectifs. J'estime que Kassovitz a réussi à créer un impact fort sur le public de l'époque, lors de la sortie du film, et **celui (3)** d'aujourd'hui.

La Haine- Essay 4

Analysez la représentation de la vie en banlieue dans ce film. Dans quelle mesure est-ce que c'est une représentation justifiée? [40 marks]

Après avoir étudié le film (7), je pourrais dire que La Haine est **un film qui a été tourné en 1995 par Mathieu Kassovitz (1)**. Le film est inspiré d'une histoire vraie d'un **jeune qui a été tué par un policier (1)**. Le fait que Mathieu Kassovitz se soit servi de nombreuses stratégies pour faire réagir le public **en analysant (6)** la société française, et le fait que le film **soit** intemporel, c'est un testament, voire un chef-d'œuvre du cinéma.

La représentation de la banlieue était plutôt déprimante. Il y avait un manque des couleurs, mais Kassovitz a voulu donner cette impression. Bien que le film **soit (2)** tourné en couleur, Kassovitz **(3) l'**a changé au montage en noir et blanc, une stratégie très efficace **en rappelant (6)** aux spectateurs **qu'**il ne s'agit pas d'un film sympa, mais plutôt d'un film avec des événements dramatiques, **ce qui (3)** est une réalité dans la banlieue. Mathieu Kassovitz a réussi **en montrant (6)** que le manque des couleurs renforce l'image sombre et déprimante de la vie en banlieue. Le temps sur l'écran montre la vie ennuyeuse en 24h et le tic-tac s'ajoute au suspense. La plus part des scènes à Paris sont tournées pendant la nuit, **mettant (6)** en valeur un autre côté de Paris **qui (3)** est violent et déprimant par rapport à une ville romantique. Cette représentation est justifiée, car on a vu la ville de Paris qui semble différente de celle qu'on a l'habitude de voir. On a vu des jeunes en banlieue qui passent des heures à bavarder et n'ont rien d'autre à faire. On a aussi vu **que (3)** les jeunes circulent toute la journée sur le toit d'un bâtiment.

Le film a donné une image violente de la banlieue **en commençant (6)** par des images d'émeutes, ce qui renforce davantage le côté réaliste du film et les tensions raciales entre les jeunes et la police. On a écouté des paroles violentes de Bob Marley. Cette technique du son est efficace, surtout à la fin quand le générique est mis en silence, pour permettre aux spectateurs d'absorber le choc **qui (3)** vient de se produire. On voit la même violence aujourd'hui comme si rien n'a changé. Cette représentation est justifiée, car plusieurs années sont passées et on discute toujours des mêmes problèmes de violence, ainsi que du racisme dans la banlieue.

Mathieu Kassovitz a introduit les personnages d'une façon typographique, **ce qui (3)** est sans doute la technique **la plus intéressante (4)**. Saïd a écrit son prénom comme graffiti sur le camion de police, il a changé le message ironique " le future est à vous/nous", **ce qui (3)** est à mes yeux un message très puissants, tandis que Vinz est introduit quand la caméra a montré sa bague, ce qui renforce davantage son côté violent. Vinz ne parle que de vengeance, par contre le nom d'Hubert est sur l'affiche dans la salle de boxe. Le fait que Hubert **soit (2)** tourné au ralenti, suggère qu'il est différent des autres, il est pacifiste. Par exemple, il a dissuadé Vinz de **ne pas tuer** le policier, ainsi sa référence est " La haine attire la haine". Kassovitz veut montrer au public **que (3)** dans la banlieue, il y a des gens qui veulent s'échapper et avoir une meilleure qualité de vie. Cette représentation est justifiée vu qu'on ne parle jamais de ces gens à la télé.

Ce que l'on peut (2) dire pour conclure, c'est **que (3)** Mathieu Kassovitz a pu provoquer certaines émotions chez le public. Il a réussi à choquer l'audience, **en utilisant (6)** des techniques efficaces et fortes afin d'atteindre certains objectifs. J'estime que Kassovitz a réussi à créer un impact fort aussi bien sur le public de l'époque, lors de la sortie du film, que sur celui d'aujourd'hui. Par contre, **si j'étais le metteur en scène, j'ajouterais (5)** un peu d'humour dans le film pour montrer au public que les gens de la banlieue ont de l'humour, en dépit de leur situation lamentable.

Albert Camus- L'Étranger

Analysez les rapports entre Meursault et les autres dans le livre l'Étranger. [40 marks]

L'Étranger est un roman qui a été écrit par Albert Camus (1) dans les années 1940. Camus est un érudit renommé **après avoir écrit (7)** plusieurs romans **dont (3)** L'Étranger qui lui a valu le prix Nobel de la littérature et l'a mis sur un piédestal. **Cette œuvre (3)** nous donne à réfléchir à travers le protagoniste Meursault et la philosophie de l'absurde.

Après avoir lu le roman (7), je pourrais dire que les rapports, entre un individu et les autres, ont une grande importance dans ce livre vu que Meursault refuse toutes les conventions sociales. Il est en déchirure avec la vie réelle, il refuse de jouer le jeu. Cet homme paraît étranger, car il n'est pas capable d'avoir des rapports normaux avec les autres.

Tout d'abord, la société condamne Meursault pour avoir rejeté les conventions sociales. Prenons à titre d'exemple le fait qu'il ignore le jour exact du décès de sa mère, **en commençant (6)** par « Aujourd'hui ma mère est morte, ou peut-être hier, je ne sais pas…». Il n'a pas rendu visite à sa mère depuis longtemps, pour lui le trajet était long. Il n'a pas eu une forte relation filiale avec sa mère, il ne s'est pas soumis pas aux conventions sociales, puisqu'il a fumé devant son cercueil. Pour lui, il aime sa mère, tandis que pour le lecteur, il est incapable d'aimer quelqu'un, et **s'il en avait été vraiment (3) capable, il se serait comporté (5)** d'une façon différente. Il affirme : « Sans doute j'aimais bien maman, mais cela ne voulait rien dire. Tous les êtres sains avaient plus ou moins souhaité la mort de ceux qu'ils aimaient ». Pour moi, ce n'est pas un comportement normal, il est nettement excentrique. On a lu aussi qu'il est sorti voir un film le soir de l'enterrement. Ces attitudes ne cadrent pas avec le comportement d'un homme qui est en harmonie avec le monde.

Sur le plan relationnel, Meursault semble aussi incapable d'avoir une relation avec sa copine, Marie. Son attirance est purement physique. Quand elle **lui (3)** a demandé s'il **(3)** l'aimait, sa réponse était inopportune. « Elle m'a demandé si je l'aimais. Je lui ai répondu que cela ne voulait rien dire, mais il me semblait que non ». On peut remarquer que l'amour n'a aucune signification pour **lui (3)**, de plus en règle générale, il n'aime pas entretenir une relation avec les gens, car il les trouve ridicules. C'est une personne absurde, pour qui les objets ont **plus** d'importance **que** les humains.

On peut noter que la relation **la plus importante(4)** dans ce roman est celle de Meursault avec Raymond, parce que **ce dernier (3) le** mène à la peine de mort. Meursault **l'a(3)** aidé **en écrivant (6)** la lettre pour sa maitresse afin **qu'il puisse (2) la (3)** punir, puis il a témoigné en sa faveur au commissariat de police, tandis que Raymond, pour montrer sa gratitude, il a invité Meursault et Marie chez son copain pour passer l'après-midi au bord de la mer. Cette visite **lui(3)** a coûté la vie, puisque l'Arabe va être présent au même endroit et donc le point de mire. Les événements se succèdent et Meursault finit par commettre le crime qui va **l' (3)** amené droit à la guillotine.

Meursault critique le système judiciaire, néanmoins il n'a pas compris **qu'**il est nécessaire d'accepter la loi pour être accepté dans la société. Le juge représente la société dans son ensemble, selon le point de vu de Meursault. **Cela laisse entendre que la justice (3)** a tendance à punir les gens, selon leurs apparences et non pas selon leurs actes. Le juge (3) **l'a** donc condamné à mort parce qu'il n'a pas pleuré à l'enterrement de sa mère, comme le témoigne ce passage « J'accuse cet homme d'avoir enterré sa mère avec un cœur de criminel », tandis que Meursault ne voyait pas la nécessité de verser ses larmes pour sa mère.

Quant à la l'aumônier, il subit l'hostilité de Meursault à chaque fois **(3)** qu'il se rend chez lui. Meursault **(3) ne cache pas** sa colère envers **lui (3)**, et encore moins envers Dieu. La société française des années 1940 était religieuse, elle rejetait les gens qui étaient mécréants. Meursault récuse le rôle de la religion, et pense qu'on devrait payer pour nos actions. Non seulement il ne croit pas que la religion **pouvait** pardonner, mais il nie aussi l'existence de Dieu.

Pour conclure, **tout ce que l'on peut (2)** dire, c'est **que (3)** Meursault a été rejeté par la société, parce qu'il conteste les conventions sociales et les codes imposés par la société. Il n'était pas en mesure de se mettre au diapason avec les autres, et c'est ce qui a fait de lui un Étranger.

Student's example: The example below is the essay written by one of my students last year, she achieved 32/40 marks, there are few spelling mistakes as well as few issues with agreements, she could have also added few examples.

« Meursault est condamné non pas pour son crime mais pour son comportement suite à la mort de sa mère »

L'Étranger est un roman à succès qui a été écrit par Albert Camus, et publié en 1942. Bien qu'on puisse dire que ce livre aborde plusieurs thèmes essentiels, on ne peut pas nier que un des thèmes plus existe le plus significatif est le comportement de Meursault suite à la mort de sa mère, qui représente la philosophie de l'absurde de Camus, où "les mœurs morales n'ont pas aucune base rationnelle ou naturelle." Selon moi, c'est bien le comportement de Meursault qui a résulté en sa condamnation, plutôt que son crime; pourtant qu'il soit un débat varié.

Tout d'abord, commençons par explorer les relations de Meursault avec sa copine, Marie, qui a été témoin à la cour comme testament de leur liaisons. Premièrement, je trouve que le fait que Meursault a commencé la relation avec Marie lendemain de l'enterrement de sa mère montre qu'il a été anormalement indifférent envers la mort, et c'est même choquant pour Marie qui ne savais pas qu'il a été un homme qui a juste perdu sa mère. Les deux ayant passé la nuit ensemble. Le manque de remords ou regret à la part de Meursault a montré à la procureur et la cour que son attitude était passive envers la mort de sa mère, un element que je devais a mené a sa peine dûr.

En plus, après avoir lu cet roman, il a devenu claire que Meursault a un grande manque d'émotions et En analysant les mots des autres témoins comme Perez et le concierge au funeral on peut voir ça. L'or qu'on lui demandé s'il voulait voir sa mère pour la tout dernière fois, il a simplement repondu avec un simple "Non", et il a davantage accepté le café. Il semble que Meursault pense toujours de lui-même, comme quand il a pensé que tout le monde a le juge la chambre avec sa mère morte. Il semblait comme si'il a été dans un "tribunal". Egalement il plaint toujours de la chaleur qui à mon avis est symbole utilisé par Camus pour montrer le conflict interieur de Meursault, expliquant aussi sa obsession avec l'eau (la piscine, la mer), au lieu de se preocuper ou s'inquiéter sur sa mère. A mes yeux ces facteurs ont contribué a sa condamnation pour le crime; étant donné qu'ils montrent que Meursault n'est pas capable de regret ou d'emotion profonds, un concepte que la société de l'époque et même la société actuelle ne veut pas accepter. Camus évoque ou-même temps la recent necessité de humains, d'avoir un sens d'ordre.

Néanmoins,
Bien que Meursault parvienne de cacher ses emotions, Camus à coupé le poir en deux,

en montrant qu'il y a un revers de la médaille. C'est vrai que Meursault a dit principalement que "Aujourd'hui maman est mort. Ou peut-être hier", ce qui souligne son détachement, mais il a aussi dit que "j'aimais bien" maman la mère. Aussi, parfois il pense sur son passé et sa mère, donc quelques personnes peuvent disputer que Meursault n'est pas condamné ~~par~~ par son comportement suite à la mort de sa mère ». En plus, le personnage 'Salamano' exprime son compréhension à Meursault, révelant un autre côté de Meursault. Mais tout, les principaux arguments contre ce qui j'avais exprimé dans les derniers paragraphes seraient que Meursault n'avait pas donné a la cour une réponse satisfaisante autour de pourquoi il a tué l'Arabe. Il semble que c'était une envie de préjudisme et racisme, car il blâma point les doigts au "chaleur du soleil" et la "reflexion" de lame du couteau. Aussi les autres facteurs, comme son rôle comme témoin pour Raymond, un homme notamment très mauvais, a influencé le procureur en pensant que Meursault davantage est un homme mauvais

Pour conclure, je pense que c'est vaut la peine analyser cet roman en profondeur. Si l'auteur n'avait pas utilisé quelques techniques littéraires comme l'utilisation d'autres personnages mineures, serait moins

> faciles de voir les autres interprétations. Bien que pour moi, il soit la vérité que « Meursault est condamné non pas pour son crime mais pour son comportement suite à la mort de sa mère », pour les autres c'est peut-être un jugement trop généralisé car Camus pourrait explorer plus de raisons de sa condamnation que seulement un.

Paper 3- Speaking exam
Timing total 21-23 minutes

The oral exam will last between 16-18 minutes, it consists of two parts, part 1 (Discussion about the stimulus card) and part 2 (Discussion about the independent research project) plus 5 minutes preparation. The 5 minutes preparation time will take place in the examination room in the presence of the examiner. Students may make notes during the preparation period.
As soon as you enter the room, the examiner will give you two cards, pick the card that you think you are confident to talk about, the examiner will then give you the speaking preparation form so you can use it to jot down your notes, you can use the notes during the part 1 conversation.

This is the outline of the timings:

- Preparation time: 5 minutes
- One Stimulus Card: 5-6 minutes.
- Presentation of Individual Research Project: 2 minutes
- Discussion based on Individual Research Project: 9-10 minutes

The maximum marks awarded for this exam is 60 (25 for the card and 35 for the Independent Research Project) and it's worth 30% of the A Level. You can find a more detailed explanation of the mark scheme below.

Part 1- Discussion (5-6 minutes)

The examiner will ask you the questions printed on the card which you have selected (There are three questions), then he/she will ask you follow-up questions in between the printed questions or after the third question from the card.

You are required to ask the examiner two adequate questions during the conversation, and they cannot be something like (Et vous?), they need to be full questions like (qu'est-ce que vous pensez de......?).You are advised to prepare them during your preparation time and ask examiner these questions at an appropriate point during the discussion.

In order to meet the requirement, the two questions must seek **information or opinion**. Asking for clarification or repetition will not meet the requirement.

Your questions must contain a conjugated verb. Re-phrasing or repetition of the printed questions will not meet the requirement.

The examiner might give a brief response to your questions (Do not be offended if the examiner will say I do not know, you are the person to be examined and their response does not count). The examiner will then ask further questions relating to the sub-theme.

The discussion of the sub-theme must last for 5 minutes and you may refer during the discussion to your notes made during the preparation period (you can use the preparation sheet during this conversation).

Mark Scheme

Part 1- The stimulus card

1) <u>Delivery</u>

Mark	Description
5	Delivery is **fluent throughout**. The ideas and opinions **expressed are always developed**. Students respond to nearly **all unpredictable elements.**
4	Delivery is **mainly fluent**. The ideas and opinions **expressed are mostly developed**. Students respond to **most unpredictable elements**.
3	Delivery is **sometimes fluent**. The ideas and opinions expressed are **sometimes developed**, Students respond to **some unpredictable elements**.
2	Delivery is **occasionally fluent**. The ideas and opinions expressed are **occasionally developed**. Students respond to a **few unpredictable elements.**
1	Delivery **is rarely fluent**. The ideas and opinions expressed are **rarely developed**. Students respond **to very few unpredictable elements.**
0	Nothing is worthy of a mark

2) <u>Response</u>

Mark	Description
5	Students' responses show that they have a **very good understanding** of the material on the card.
4	Students' responses show that they have a **good understanding** of the material on the card.
3	Students' responses show that they have **some understanding of the material** on the card.
2	2 Students' responses show that they have **a limited understanding** of the material on the card.
1	Students' responses show that they have a **very limited understanding** of the material on the card
0	Nothing is worthy of a mark

**If a student only asks one question, a maximum of 4 marks can

3) <u>Language</u>

Marks	Description
9-10	Use **a wide range** of vocabulary, complex structure and idioms. **Highly accurate** application of grammar with occasional minor errors. Pronunciation and intonation **are very good**.
7-8	Use **a good range** of vocabulary, complex structure and idioms. **Mostly accurate** application of grammar with some minor errors. Pronunciation and intonation **are good**.
5-6	Use **some** variety of vocabulary and complex language is demonstrated. **Uneven** application of grammar. Pronunciation and intonation **are fairly good**.
3-4	**Little use** of vocabulary, complex structure and idioms. **Limited** application of grammar. Pronunciation and intonation are mostly **intelligible**.
1-2	**Very little** variety of vocabulary and structures is demonstrated. **very limited** application of grammar. Pronunciation and intonation **are poor**.
0	Nothing is worthy of a mark

4) <u>Critical and analytical response</u>

Mark	Description
5	**Very good** critical and analytical response of those aspects of the sub-theme covered in the discussion. Students **consistently** select relevant information to support their arguments with justification of their conclusion.
4	**Good** critical and analytical response of those aspects of the sub-theme covered in the discussion. Students **most of the time** select relevant information to support their arguments with justification of their

	conclusion.
3	**Reasonable** critical and analytical response of those aspects of the sub-theme covered in the discussion. Students **sometimes** select relevant information to support their arguments with justification of their conclusion.
2	**Limited** critical and analytical response of those aspects of the sub-theme covered in the discussion. Students **occasionally** select relevant information to support their arguments with justification of their conclusion.
1	**Very limited** critical and analytical response of those aspects of the sub-theme covered in the discussion. Students **rarely** select relevant information to support their arguments with justification of their conclusion.
0	Nothing is worthy of a mark

In order to achieve the highest mark in part 1, you need to be able to demonstrate that you can deal with the unpredicted element by answering the follow-up questions that are not printed on the card, you need to express your opinions in a developed way and justify them, you need to demonstrate an excellent understanding of the card and you should be able to use a variety of vocabulary and complex structures (Passive voice, subjunctive, superlative, gerund ..etc).

Note- Most students loose marks during this part because they do not justify their opinion, they do not use complex structures or when answering the third question printed on the card, they do not make it specific that they are referring to the French speaking country, you are advised to make it clear to the examiner for example you need to say (**En Suisse,** ils ont adopté un système de……).

Note- I advise my students to prepare a template that they can use for all their speaking cards, they only need to change the information about the card, you will notice in the examples below that I use the same template, it will make your life easier as well as you will achieve the highest marks.

Example of complex structures: (They are in bold):

- **Use of passive voice (1)**
- **Use of Subjunctive (2)**
- **Use of different pronouns (3)**
- **Use of Superlative/Comparative (4)**
- **Use of Si clause (5)**
- **Use of gerund/ Present participle (6)**
- **Use of infinitive /Infinitive past (7)**

Carte A

Theme	Aspects of French speaking society-Current trends
Sub-theme	La famille en voie de changement

Adoption monoparentale-la situation actuelle

Selon une enquête récente, on a estimé que le nombre de couples de même sexe au Québec est à 130.000 et que 20% de ces couples vivent avec un enfant: soit 26000 enfants vivant dans une famille homoparentale.

1) Que dit-on ici sur le changement au sein de la famille au Québec?
2) Que pensez-vous des informations données ici?
3) Selon ce que vous savez, quelles sont les attitudes au Québec ou ailleurs dans le monde francophone envers l'homoparentalité?

Examiner: Quelle carte avez-vous choisi?
Student: J'ai choisi la carte **A sur la famille en voie de changement.**

Examiner: Que dit-on ici sur le changement au sein de la famille au Québec?
Student: Après avoir lu les informations sur la carte (7), je pourrais dire que les informations mentionnées ici suggèrent que, selon une enquête récente au Québec, les mariages homosexuels sont en hausse depuis que le « mariage pour tous » est autorisé. Ainsi, ces couples ont décidé d'adopter des enfants, étant donné que 26000 enfants vivent avec des parents du même sexe.

Examiner: Que pensez-vous des informations données ici?
Student: Selon moi, le Québec est traditionnellement une province catholique, et le mariage homosexuel reste toujours un sujet de controverse (polémique) parmi l'ancienne génération. **Cependant,** ce n'est plus le cas aux yeux de la nouvelle génération, et l'augmentation des mariages homosexuels en est témoin. Je pense que c'est un progrès dans le changement des mentalités au Québec. Le plus important, c'est de créer un ensemble soudé dans une famille et ne pas juger les apparences. Il faut plutôt voir le côté positif dans le nombre d'enfants adoptés par les parents homosexuels.

Student: Est-ce que vous-êtes pour ou contre le mariage homosexuel?
Examiner: Je ne suis ni pour ni contre.

Student: à votre avis est-ce que les couples homosexuels devraient avoir le droit d'adopter un enfant?
Examiner: S'ils veulent avoir des enfants, je ne suis pas contre.

Examiner: Selon ce que vous savez, quelles sont les attitudes au Québec ou ailleurs dans le monde francophone envers l'homoparentalité?
Student: Ce que je sais, en France par exemple, il y a toujours un travail d'approche à effectuer, permettant aux couples du même sexe d'adopter des enfants. J'estime qu'un couple de femmes ou d'hommes est tout à fait capable d'élever un enfant et de lui apporter beaucoup d'amour, sachant qu'il est d'une **importance capitale (4)** puisqu'il demeure la source**(2)** d'une bonne ambiance qui nous incite à rester attaché, et par là même partager nos réussites et nos échecs. Selon moi, c'est la vertu cardinale d'un noyau familial.
Des nouvelles lois ont été instaurées par le gouvernement (1) actuel pour permettre aux couples homosexuels **de (2)** se marier et adopter, éventuellement, des enfants.

Examiner: Est-ce que vous ne pensez pas qu'une famille devrait avoir un père et une mère pour l'équilibre de l'enfant?
Student: Non je n'y pense pas, d'abord **ce concept est un peu passéiste, il a été conçu par les anciennes sociétés, puis je crois qu'il ne cadre pas avec la mentalité de la nouvelle société (1).** Les couples hétéros élèvent bien des enfants homosexuels, alors pourquoi les homosexuels ne pourraient pas élever des enfants hétéros?

Examiner : Il y a des études qui affirment que les enfants ont besoin des deux parents, qu'en pensez-vous ?
Student : Je ne pourrais pas être d'accord sur ce point, parce que je connais des enfants qui vivent avec des parents homosexuels et ils sont parfaitement normaux, **contrairement à d'autres, que** je connais aussi, qui vivent avec leurs deux parents hétéros et qui ne sont pas épanouis, donc pour moi, **le plus important (4)** c'est l'amour que les parents **seraient** capables de donner à leurs enfants.

Examiner: Merci beaucoup.
Student: de rien.

Carte B

Theme	Aspects of French speaking society-Current trends
Sub-theme	**La « cyber-société »**

Les sites de rencontres

Selon le journal L'Express dans sa publication, en Juin 2018, beaucoup de français utilisent des sites de rencontres. Il en existe des centaines sur internet, et leurs applications ont envahi nos portables, comme par exemple AdopteUnMec. C'est possible de trouver votre futur partenaire, mais il faut se méfier, car la société virtuelle n'est pas aussi idéale qu'on le pense, c'est-à-dire en sus des internautes honnêtes, on y trouve d'autres scélérats ou manipulateurs sans scrupule.

1) Que dit-on ici au sujet des sites de rencontres?
2) Que pensez-vous du message donné ici?
3) Selon ce que vous savez, en France ou ailleurs dans le monde francophone, comment les jeunes utilisent internet?

Examiner: Quelle carte avez-vous choisi?
Student: J'ai choisi la carte **B sur La « cyber-société »**

Examiner: Que dit-on ici au sujet des sites de rencontres?
Student: Après avoir lu les informations sur la carte (7), je pourrais dire que le contenu suggère ici les rencontres via internet. En effet, selon le journal L'Express en France, beaucoup **de sites de rencontres sont utilisés par des jeunes** (1) afin qu'ils **puissent (2)** trouver un partenaire. Internet est utilisé de plus en plus par les jeunes aujourd'hui. Ainsi nombreux sont les jeunes qui sont parvenus à faire des rencontres en ligne, **néanmoins** cela ne veut pas dire qu'il n'y a pas de risques, dans la mesure où on est à l'abri des personnes malveillantes et pernicieuses. Ces sites de rencontres exigent de la méfiance, il est donc impératif qu'on **soit** (2) très vigilant et surtout prudent.

Examiner: Que pensez-vous du message donné ici?
Student: Selon moi, les internautes utilisent des sites de rencontres comme AdopteUnMec ou meetic **dans le but de (2)** rencontrer un partenaire. **Ces sites sont fréquemment utilisés par les jeunes en France (1). Ceux-ci (3)** se connectent de plus en plus, à croire qu'ils ont pratiquement rompu avec les démarches classiques. Ce genre de sites est très fréquenté par les jeunes, **cependant** cet espace virtuel demeure périlleux, puisqu'on ne sait pas sur qui on peut tomber ou à qui on a affaire. C'est un réseau favorable à certains utilisateurs sournois qui, par la manipulation, parviennent à nous extorquer de l'argent ou à dérober nos données personnelles et, parfois sans état d'âme, ils peuvent même conspirer de sombres machinations. Je pense qu'il faudrait qu'**on fasse (2)** attention.

Examiner: Selon ce que vous savez, en France ou ailleurs dans le monde francophone comment les jeunes utilisent internet?
Student: Selon ce que je sais, en France en particulier et ailleurs en général, les gens utilisent de plus en plus internet dans leur vie quotidienne en vue d'obtenir des informations, ou bien pour

avoir accès à des services en ligne. Internet a changé la vie des gens de façon très pratique, car les utilisateurs, notamment les jeunes, s'en servent pour réserver des tables aux restos, pour des achats en ligne ou même pour réserver des vacances et bien d'autres prestations. L'aspect positif de la technologie est appréciable, du fait que **c'est (2)** avantageux et commode, en plus ça fait gagner du temps.

Examiner: Quels conseils vous pouvez donner aux ados pour qu'ils se protègent en ligne ?
Student: Pour (2) se protéger en ligne, il est recommandé d'installer un antivirus. Par ailleurs, ils doivent penser à changer leurs mots de passe de façon régulière, cela permet la protection de leurs comptes. Il est préférable aussi d'analyser les pièces jointes avec un antivirus avant de les ouvrir. Quant aux sites web qui ne sont pas fiables, c'est tout simplement à éviter. Ces recommandations peuvent être utiles et devraient beaucoup aider à se protéger.

Student : Est-ce que vous êtes pour ou contre les rencontres en ligne ?
Examiner : je suis contre, du fait qu'il y a beaucoup de risques à courir.

Student : À votre avis, pourquoi les gens s'éloignent-ils de l'utilisation des moyens traditionnels et préfèrent faire usage d'internet ?
Examiner : C'est trop compliqué, on a besoin de beaucoup de temps pour mener à bien cette discussion.

Examiner: Merci beaucoup.
Student: de rien.

Carte C

Theme	Aspects of French speaking society-Current trends
Sub-theme	**Le rôle du bénévolat**

Association Pronatura

Plus de 3000 bénévoles, de tout âge, agissent en faveur de la nature. Vous trouverez certainement chez nous l'engagement qui vous convient, soit un travail pendant une semaine de vacances ou une collaboration régulière. Aucune expérience est nécessaire, juste la motivation et l'envie de s'engager pour la nature. Nous nous réjouissons d'accueillir des bénévoles aussi passionnés que nous.

1) Que dit-on sur le bénévolat en Suisse?
2) Que pensez-vous de cette initiative?
3) Selon ce que vous savez, en France ou ailleurs dans le monde francophone, quelles sortes d'initiatives attirent le plus de bénévoles?

Examiner: Quelle carte avez-vous choisi?
Student: J'ai choisi la carte **C sur Le rôle du bénévolat.**

Examiner: Que dit-on sur le bénévolat en Suisse?
Student: Après avoir lu les informations sur la carte (7), je pourrais dire que le contenu ici suggère un certain type de bénévolat qui se focalise sur la nature et l'environnement. **Il s'agit d'un bénévolat encouragé par** l'association Pronatura, **en Suisse (1)**. Celle-ci exhorte à l'action et à l'engagement en dépit de l'expérience et de la connaissance. Cependant, pour l'adhésion des bénévoles, elle met en avant deux critères de base, à savoir la volonté de sauver la planète et le désir de la protéger.

Student: Est-ce que vous faites du bénévolat?
Examiner: Oui, je suis membre de l'association Cancer Research.

Examiner: Que pensez-vous de cette initiative?
Student: Selon moi, c'est une initiative très importante vu qu'on est tous concernés par l'environnement. Je pense que n'importe quelle initiative, ayant pour objet de faire du bénévolat ou aider quelqu'un, est la bienvenue. La chose **la plus importante,** pour moi, est de protéger la planète. **Si j'avais plus de temps, j'aurais fait beaucoup de bénévolat. (5)**

Student: À votre avis, pourquoi les gens font-ils du bénévolat?
Examiner: Chacun a ses raisons.

Examiner : Selon ce que vous savez, en France ou ailleurs dans le monde francophone, quelles sortes d'initiatives qui attirent le plus de bénévoles ?
Student: Selon ce que je sais en France, il y a beaucoup d'associations vu que le bénévolat est une tradition française. Par exemple, beaucoup de gens croient aux Restos du Cœur, **étant (6)** des restos qui s'occupent des SDF en leur assurant des repas chauds, et c'est beaucoup plus que ça en fait, parce qu'ils aident, également, les gens à apprendre à lire et écrire, ils offrent du travail aux Jardins du Cœur, ils aident les jeunes mères en détresse et assurent les soins nécessaires à leurs enfants.

Examiner : Pourquoi les jeunes de nos jours ne font-ils pas assez de bénévolat ?
Student : Je ne pense pas que les jeunes ne soient pas intéressés par le bénévolat. Selon moi, ils ne sont pas assez sensibilisés à l'importance de **cette action (3),** en outre beaucoup de jeunes ont d'autres préoccupations, ils s'intéressent à leur avenir, ils ont donc des rêves à partager et à réaliser. Par contre, Il va falloir **(2)** leur expliquer que le bénévolat **leur (3)** donne l'occasion d'acquérir de l'expérience professionnelle comme si c'était une formation.

Examiner: Merci beaucoup.
Student: de rien.

Carte D

Theme	Artistic culture in the French-Speaking world
Sub-theme	Une culture fière de son patrimoine

Les inconvénients du tourisme

Le gouvernement essaie toujours de promouvoir le tourisme et augmenter la fréquentation des sites historiques. Je comprends bien que le tourisme est très important pour l'économie, en revanche il n'y a pas que des avantages, il y a aussi des inconvénients. Par exemple, les touristes exercent une pression sur les services publics et provoquent la dégradation des sites touristiques, comme c'est le cas pour La grotte de Lascaux.

1) Que dit-on sur les sites du patrimoine culturel?
2) Quelle est votre réaction aux informations sur cette carte?
3) Selon ce que vous savez, en France ou ailleurs dans le monde francophone, quelle est l'importance du patrimoine culturel?

Examiner: Quelle carte avez-vous choisi?
Student: J'ai choisi la carte **D sur une culture fière de son patrimoine.**

Examiner: Que dit-on sur les sites du patrimoine culturel?
Student: Après avoir lu les informations sur la carte (7), je pourrais dire que l'économie est stimulée par le tourisme (1), mais il y a aussi des désagréments dans la mesure où les touristes peuvent détériorer, voire endommager un patrimoine, et l'exemple des grottes de Lascaux le confirme. Ce site est fermé depuis des années à cause du changement de l'atmosphère et de la surfréquentation. **Par ailleurs, pour y remédier, les autorités** ont reproduit Lascaux 2 et Lascaux 3 dans d'autres villes en vue de protéger l'original et permettre aux touristes de**(2) poursuivre leur (3) visite**.

Student : Est-ce que vous pensez que le tourisme risque d'affecter le patrimoine de demain ?
Examiner : Oui, je pense.

Student : Que proposeriez-vous comme solution pour protéger le patrimoine ?
Examiner : Je ne suis pas spécialiste, donc je n'ai pas de solution.

Examiner: Quelle est votre réaction aux informations sur cette carte?
Student: Selon moi, le tourisme est très important pour un pays, car il permet de créer des emplois dans les sites touristiques, ainsi que dans d'autres secteurs, comme la restauration et

l'hôtellerie. **Cependant,** il y a aussi des inconvénients tels que l'effet néfaste sur le site **lui**-même à cause de la surfréquentation. De plus, les villes peuvent subir une transformation d'une ville calme en un lieu touristique bondé où les vendeurs des souvenirs et les restaurants moins chers remplacent le caractère local, et **cela** pourrait créer des tensions entre les touristes et les locaux. **Si cela ne tenait qu'à moi, je mettrais une limite sur le nombre des visiteurs. (5)**

Examiner: Selon ce que vous savez, en France ou ailleurs dans le monde francophone, quelle est l'importance du patrimoine culturel?
Student: Selon ce que je sais, en France par exemple, le patrimoine est très important, il est donc nécessaire **qu'on le protège (nous le protégions) (2)** pour (afin d') apprendre notre passé. C'est pourquoi, il est primordial de préserver le patrimoine hérité de nos ancêtres en vue de le (3) transmettre aux générations futures, sans se focaliser uniquement sur l'aspect économique.

Examiner: Merci beaucoup.
Student: de rien.

Carte E

Theme	**Artistic culture in the French-Speaking world**
Sub-theme	**La musique francophone**

Le concours de la chanson francophone au Kenya et en Somalie

Une fois par an, les représentations des ambassades francophones au Kenya organisent un concours. cette année, vous pouvez gagner un voyage en France!
L'objectif du concours est d'écrire ou chanter une chanson en langue française, de n'importe quel pays francophone. Les étudiants des écoles primaires, secondaires et universitaires sont encouragés à participer! Les candidats présélectionnés seront invités à chanter lors de la finale, qui aura lieu à Université " Eastern Africa" le 24 mars 2019.

1) Que dit-on sur la musique francophone?
2) Que pensez-vous de cette initiative?
3) Selon ce que vous savez, pourquoi la musique francophone n'est pas connue au-delà des pays francophones?

Examiner: Quelle carte avez-vous choisi?
Student: J'ai choisi la carte **E sur la musique francophone.**

Examiner: Que dit-on sur la musique francophone?
Student: Après avoir lu les informations sur la carte (7), je pourrais dire qu'il s'agit d'un concours de la musique francophone au Kenya. Ce concours **a été organisé par les représentants des ambassades francophones (1), qui** ont prévu une grande participation à un concours, **dont (3)** le prix à gagner est un voyage en France.
Tous les étudiants des écoles primaires, secondaires et universitaires sont encouragés à participer. Cela est considéré comme un succès et une preuve que la musique francophone est riche et toujours appréciée par beaucoup de gens.

Student: Est-ce que vous pensez que ce genre d'événement va promouvoir la musique francophone?
Examiner: Oui, je pense que ça va aider à promouvoir la chanson francophone vu que le Kenya n'est pas un pays francophone.

Examiner: Que pensez-vous de cette initiative?
Student: Selon moi, la musique francophone contemporaine est toujours populaire en France et dans les pays francophone, elle n'est pas aussi populaire au-delà des frontières de ces pays, **donc il** est primordial de soutenir et encourager ce genre d'initiative, **de plus,** je serai aussi en faveur d'un concours qui va inviter des chanteurs de tous les pays francophone comme ils le font à la Francofolies de Montréal , le public d'aujourd'hui s'intéressent plus à des chansons plus variées et je pense que ça va promouvoir les chansons francophones. **Si j'étais un(e) étudiant(e) au Kenya, j'organiserais une comédie musicale en français, ce serait plus originale. (5)**

Student: Est-ce que vous pensez que la musique francophone est en déclin?
Examiner: Non, je ne crois pas, je pense juste qu'elle est moins connue en dehors de la France.

Examiner: Selon ce que vous savez, pourquoi la musique francophone n'est pas connue au-delà des pays francophones?
Student: Selon ce que je sais, **en France et au Canada**, ils organisent beaucoup de concerts pour promouvoir la chanson francophone, cependant je pense qu'ils ne font pas assez pour la promouvoir au-delà de leurs frontières. Les gens qui ne parlent pas français n'écoutent pas les chansons francophones, car ils ne comprennent pas les paroles. De plus, la musique américaine est dominante en ce moment, alors je pense que les chanteurs francophones devraient continuer à travailler en collaboration avec d'autres chanteurs pour **qu'ils puissent** (2) jeter un pont culturel et, par là même, se faire connaître dans les pays non-francophones.

Examiner: Merci beaucoup.
Student: de rien.

Carte F

Theme	Artistic culture in the French-speaking world
Sub-theme	Le cinéma: le septième art

Le festival de Cannes

Chaque Année, la ville de Cannes accueille des milliers de visiteurs pendant le festival du film. Les touristes y vont pour voir et prendre en photo leurs acteurs préférés. Ils viennent de tous les coins du monde, ce qui aide à promouvoir l'image de la France. Par contre, l'entreprise qui organise ce festival est une entreprise privée qui fait d'énormes profits, puisqu'elle charge l'Etat de payer 50% des frais !

1) Que dit-on ici sur le festival de Cannes?
2) Que pensez-vous des informations sur cette carte?
3) Quelle est l'importance du cinéma francophone à l'échelle internationale?

Examiner: Quelle carte avez-vous choisi?
Student: J'ai choisi la carte **F sur Le cinéma: le septième art.**

Examiner: Que dit-on sur le festival de Cannes?
Student: Après avoir lu les informations sur la carte (7), je pourrais dire que le festival de Cannes est très célèbre, **il est organisé par une entreprise privée (1)**. Il contribue à promouvoir l'image de la France à l'échelle internationale. La ville profite des fréquentations pendant cette période, et le commerce local aussi. **Cependant, je pense qu'il y a un inconvénient** le fait que le festival de Cannes **soit (2)** mené par une entreprise privée qui en tire profit aux dépens des Français qui assument, malgré eux, les 50% des frais, et c'est quelque chose d'inacceptable.

Student: Est-ce que vous avez entendu parler du festival de Cannes?
Examiner: Oui bien sûr, le festival de Cannes est très célèbre.

Examiner: Que pensez-vous des informations sur cette carte?
Student: Selon moi, chaque année, le festival de Cannes attire des milliers de touristes. Le but est de récompenser le meilleur film, le meilleur réalisateur/réalisatrice ou le meilleur acteur/actrice lors d'une compétition internationale. Beaucoup d'acteurs internationaux ont reçu la Palme d'or. **Il est vrai que** ce festival **contribue (2)** à promouvoir la France et le cinéma francophone, mais outre cela les touristes contribuent, à leur tour, au secteur économique **en dépensant (6)** leur argent dans les restos, les hôtels, etc. **Cependant,** ce n'est pas raisonnable que le festival soit réalisé sur le dos du contribuable qui est censé renflouer les caisses du secteur public.
Si le festival était une entreprise publique, les français pourraient en bénéficier plus. (5)

Student: Que proposeriez-vous comme solution pour promouvoir le cinéma francophone?
Examiner: Je proposerais des initiatives comme le festival de Cannes et le festival d'animation à Annecy.

Examiner: Quelle est l'importance du cinéma francophone à l'échelle internationale?
Student: Selon ce que je sais, en France par exemple, il est vrai qu'il y **a (2)** beaucoup de films qui sont devenus des productions de référence dans le monde, ils sont devenus intemporels. **Prenons à titre d'exemple** La Haine, ce film a eu un grand succès dans les années 1990.
Il y a aussi le film **Les intouchables** d'Omar Sy, qui a connu un succès planétaire. Aujourd'hui, le réalisateur tourne des films à Hollywood avec Vincent Cassel et Marion Cotillard. En revanche, la nouvelle génération n'a pas entendu parler de ces films, donc je pense qu'il reste beaucoup de travail à faire afin **qu'on puisse (2)** promouvoir le cinéma français à l'échelle internationale.

Examiner: Merci beaucoup.
Student: de rien.

Carte G

Theme	Aspect of French-speaking society- Current issues
Sub-theme	**Diversité, respect et tolérance**

Une société hétéroclite, c'est une idée utopique. Dans une société multiculturelle, nous risquons de perdre notre identité culturelle, et ainsi une situation conflictuelle pourrait naitre entre les différentes cultures et idéologies. C'est une idée absurde.

1)Que dit-on ici sur l'idée d'une société multiculturelle?
2) Que pensez-vous du message donné ici?
3) Selon vous, en France ou ailleurs dans le monde francophone est-ce que vous pensez que le multiculturalisme est positif?

Examiner: Quelle carte avez-vous choisi?
Student: J'ai choisi la carte **G sur la Diversité, respect et tolérance.**

Examiner: Que dit-on ici sur l'idée d'une société multiculturelle?
Student: Après avoir lu les informations sur la carte (7), je pourrais dire que l'auteur n'est pas en faveur du pluriculturalisme, autrement dit il ne cache pas son hostilité à l'égard des autres cultures, aussi bien chez lui qu'ailleurs. Il a avancé qu'un conflit pourrait naitre entre nous et les gens ayant une culture différente de la nôtre. Il ajoute aussi la possibilité de perdre notre identité.

Examiner: Que pensez-vous du message donné ici?
Student: Selon moi, la diversité est une chose positive pour n'importe quel pays, du fait qu'elle contribue à la richesse culturelle. Certains croient que le multiculturalisme dans un pays n'engendre que des conflits, cela pourrait être vrai à cause des mentalités différentes, mais le multiculturalisme a aussi ses aspects positifs : dans une société multiculturelle, on aborde ouvertement les problèmes. **En étudiant(6)** l'histoire, on apprend à analyser le passé et on **en (3)** tire des leçons utiles. On comprend l'importance d'accepter l'autre tel qu'il est. On apprend à s'entraider, à collaborer et à être tolérants à l'égard d'autrui. D'un côté, nous sommes tous pareils. Nous ne nous distinguons les uns des autres que par la langue **que(3)** nous parlons et la

couleur de notre peau, mais pour l'essentiel, nous sommes tous des humains et nous avons le droit de vivre en paix. **Il faut qu'on apprenne (2)** à cohabiter avec les autres, à découvrir leurs cultures, leurs us et coutumes, leurs danses, etc. Cela pourrait être très intéressant et pourrait procurer beaucoup de joie. Pratiquer le même sport, par exemple, crée des liens entre des personnes d'origines différentes et chaque individu peut apporter un certain savoir-faire.

Examiner: Selon vous, en France ou ailleurs dans le monde francophone est-ce que vous pensez que le multiculturalisme est positif?

Student: Selon ce que je sais, La France par exemple, elle a bien profité du multiculturalisme, les immigrés ont beaucoup apporté à la France. Dans les années 1950, la France a fait appel à une main d'œuvre qui venait non seulement de l'Afrique du Nord, mais aussi de l'Europe, à l'image des Portugais et des Italiens, pour construire le pays. Si on prend aussi l'exemple de L'équipe nationale de foot (les Bleus), elle a pu remporter deux Coupes du monde grâce au multiculturalisme. **Si on suit l'exemple du Canada(5), ce genre de débats n'existera plus et l'intégration se fera d'une manière positive. J'estime que le Canada est un pays plus ouvert que la France(4) au sujet du multiculturalisme.**

Student : Êtes-vous pour ou contre le multiculturalisme ?
Examiner : Je suis pour.
Student : À votre avis, pourquoi les gens sont-ils contre les autres cultures ?
Examiner : Ce sera très long à expliquer.

Examiner : Est-ce que les Français sont devenus moins tolérants ?
Student : Non, je ne crois pas.

Examiner : Les Français votent de plus en plus pour le Rassemblement National. Que signifie-t-il ?
Student : Les Français ont fait preuve d'une solidarité incroyable lors des attentats terroristes à Paris. On ne sait pas si **ceux (3)** qui votent pour le Rassemblement National **le (3)** font parce qu'ils soutiennent ce parti d'extrême droite, ou parce qu'ils veulent exprimer leur mécontentement envers les dirigeants.

Carte H

Theme	Aspect of French-speaking society- Current issues
Sub-theme	**Quelle vie pour les marginalisés?**

La pauvreté en Belgique

14.8%	22%	12.8%	19.1%	31.3%
Chez les moins de 18 ans	entre 18- 24 ans	chez les 60 ans et plus	des hommes actifs	familles monoparentales

1) Que dit-on ici sur la **pauvreté en Belgique?**
2) Quelle est votre réaction aux informations sur cette carte?
3) Selon ce que vous savez, en Belgique ou ailleurs dans le monde francophone, comment on traite le problème de la pauvreté?

Examiner: Quelle carte avez-vous choisi?
Student: J'ai choisi la carte **H sur Quelle vie pour les marginalisés?**

Examiner: Que dit-on ici sur la **pauvreté en Belgique?**
Student: Après avoir lu les informations sur la carte (7), je pourrais dire que le contenu mentionné ici suggère qu'en Belgique, les familles monoparentales sont **les plus touchées (4)** par la pauvreté, **vu que** dans ce modèle de famille il y a une seule source de revenue, ce qui peut rendre la vie difficile aux parents pour subvenir aux besoins de leurs enfants. **On peut noter aussi** que les jeunes de moins de 18 ans sont moins touchés par rapport aux jeunes entre 18 ans et 24 ans, **tandis que** chez les personnes âgées, on constate que la pauvreté est **plus faible** (4), **ce qui (3)** est positif.

Student: Est-ce que vous ne pensez pas que ces pourcentages sont inquiétants vu qu'il y a 31.3% de familles qui vivent sous le seuil de pauvreté?
Examiner: Oui, je suis d'accord avec vous, c'est choquant!

Examiner: Quelle est votre réaction aux informations sur cette carte?
Student: Selon moi, la pauvreté est un problème (phénomène/un fléau) mondial, vu qu'il y a de plus en plus des gens pauvres dans le monde. De nos jours, on voit beaucoup de SDF dans les rues, les licenciements se multiplient chaque année, selon l'Insee en France (Institut national des statistiques et des études économiques) par exemple, beaucoup de personnes vivent sous le seuil de pauvreté, c'est-à-dire moins de 1800 euros par mois, **selon moi** pour que 31.3 % de familles en Belgique ou en France puissent vivre avec un salaire de 1800 euros par moi c'est quelque chose d'inacceptable, **il faut que le gouvernement fasse** quelque chose pour aider ces familles. **Si on faisait tous de petits gestes, comme par exemple aider les voisins, on éliminerait la pauvreté (5).**

Student: À votre avis comment pouvez -vous expliquer qu'une famille puisse vivre avec un tel salaire? (Est-ce que vous ne croyez pas que ce genre de choses poussent les gens vers la criminalité?)
Examiner: Oui, vous avez raison sur ce point.

Examiner: Selon ce que vous savez, en Belgique ou ailleurs dans le monde francophone, comment on traite le problème de la pauvreté?

Student: Selon ce que je sais, **en France** par exemple, les autorités ont commencé à faire beaucoup d'efforts pour réduire l'écart entre les riches et les pauvres. Ainsi, pour lutter contre la pauvreté, le gouvernement a consacré, en 2015, 4.8% de son budget à l'éducation et à la formation professionnelle, ce qui représente un budget qui dépasse celui **(4)** du Japon. Outre cette mesure, une autre politique a été adoptée pour lutter contre l'échec scolaire. Dans le même contexte, des revendications ont été exprimées non seulement pour améliorer la prestation des personnes seules et revoir l'aide sociale à la hausse, mais aussi pour aider les familles démunies en leur offrant des tickets-restos au travail et aux écoles.
Les associations caritatives, comme les Restos du Cœur, font beaucoup de travail **qui vise à aider (6)** les jeunes SDF et les jeunes mères avec les paniers-repas et les soins médicaux pour leurs enfants.

Examiner: Est-ce que vous pensez que cela va éliminer le problème de la pauvreté?
Student: Non, je ne crois pas que cela puisse l'éliminer, car le problème a déjà existé dans le passé et existera encore dans le futur, par ailleurs il nous incombe d'intervenir en vue d'apporter des solutions efficientes. En somme, **si nous prenons l'initiative pour les aider, le monde sera meilleur. (5)**

Examiner: Merci beaucoup.
Student: de rien.

Carte I

Theme	Aspect of French-speaking society- Current issues
Sub-theme	Comment on traite les criminels

Des peines plus sévères

L'incarcération des mineurs en France, ainsi que dans d'autres pays en Europe, ne cesse d'augmenter. Le taux est de 7.3% depuis 2018. Pour faire face à ce fléau, il faut introduire des peines plus sévères et construire d'autres prisons.

1) Que dit-on ici sur la **criminalité chez les mineurs en France ?**
2) Quelle est votre opinion sur les informations fournies dans cette carte ?
3) Selon ce que vous savez, en France ou ailleurs dans le monde francophone, quelles sont les alternatives à la prison ?

Examiner: Quelle carte avez-vous choisi?
Student: J'ai choisi la carte **I sur Comment on traite les criminels?**

Examiner: Que dit-on ici sur la **criminalité chez les mineurs en France?**
Student: Après avoir lu les informations sur la carte (7), je pourrais dire que l'opinion ici suggère que la plupart **des crimes perpétrés en France sont commis par des ados(1)**, alors on a proposé d'introduire des peines plus sévères pour dissuader les jeunes criminels, **ce qui (1)** est à mes yeux absurde, car je ne suis pas vraiment convaincu que cela puisse résoudre ce problème ou éliminer ce fléau.

Examiner: Quelle est votre opinion sur les informations sur cette carte?
Student: Selon moi, le but/l'objectif de la justice n'est pas principalement de punir, **mais** d'assurer la réinsertion des criminels. **Je pense que** la prison pourrait rendre la situation plus grave, car elle est un lieu (endroit) où les criminels apprennent de nouvelles formes de criminalités entre **eux (3)**.
Je crois qu'on devrait réfléchir (trouver/envisager) à de vraies solutions, il est donc important **qu'on assure (2)** la réinsertion des criminels dans la société et dans la vie professionnelle. Pour ce faire, on devrait introduire plus de peines de prison avec sursis ou même utiliser les bracelets électroniques, vu que la prison revient trop cher, en plus je suis persuadé qu'elle est moins efficace à dissuader les criminels.

Examiner: Selon ce que vous savez, en France ou ailleurs dans le monde francophone, quelles sont les alternatives à la prison?
Student: Selon ce que je sais, en France par exemple, même si la loi prévoit des alternatives à la prison, il n'en demeure pas moins que les tribunaux les prononcent rarement. Il faudrait qu'on développe plus le TIG (Travail d'intérêt général) **en suivant (6)** l'exemple du Canada/la Suisse, il faudrait aussi commencer à décriminaliser certains délits moins graves afin **qu'on puisse (2)** vider nos prisons engorgées. En outre, on se doit de réduire les coûts qui deviennent, désormais, trop pesants sur l'Etat et le contribuable. Au Canada, leur système permet aux anciens criminels de faire une demande de pardon pour que leurs crimes ne soient pas mentionnés sur leurs casiers judiciaires, cela leur facilite la tâche pour trouver un boulot.

Examiner : Ne pensez-vous pas que leurs alternatives à la prison ne soient pas meilleures que celles de la France ?
Student : À mon avis, le système en Suisse et au Canada **est meilleur qu'en France (4)**, étant donné que le taux de crime en Suisse et au Canada **est inférieur à celui de la (4)** France.

Examiner : Est-ce que vous pensez que la prison est efficace ?
Student : Non, je ne crois pas. Si **on prend l'exemple des États-Unis (5),** ils donnent des peines de prison assez longues, quelque fois de 100 ans, mais le crime demeure toujours en hausse. Est-ce que vous pouvez me donner un exemple, où le système des peines sévères est reconnu probant ?

Student : Est-ce que vous pensez que ce genre de mesures pourra contenir les criminels ?
Examiner : Je pense que oui.

Student : Est-ce que vous ne pensez pas que ce soit une meilleure façon de vider les prisons et réduire les coûts ?

Examiner : Oui, cette solution va certainement réduire les coûts, mais elle peut augmenter les crimes aussi.

Examiner: Merci beaucoup.
Student: de rien.

Carte J

Theme	Aspects of political life in the French-speaking world
Sub-theme	**Les ados, le droit de vote et l'engagement politique**

Le droit de vote à 16 ans.

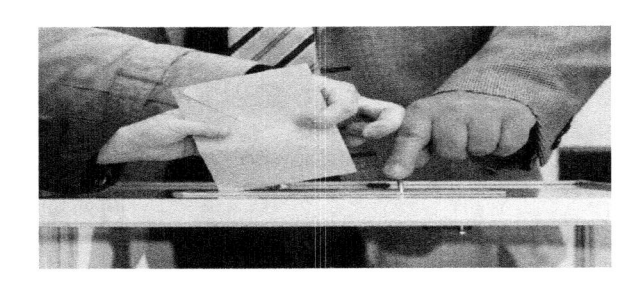

D'après une enquête récente, les ados ne pensent pas du tout à l'engagement politique, encore moins au droit de vote. Ils ont des rêves à partager et à réaliser, par conséquent ils ne s'intéressent ni aux opinions politiques et philosophiques ni à la création de la France de demain. Les ados ne font pas confiance aux politiciens, donc on ne devrait pas leur accorder le droit de vote, vu qu'ils n'ont pas encore acquis la maturité requise, de plus ils sont maniables et très faciles à influencer.

1) Que dit-on sur ici sur les attitudes des français envers le droit de vote?
2) Que pensez-vous de cette opinion?
3) Selon ce que vous savez, en France ou ailleurs dans le monde francophone, quelle est l'attitude des partis politiques envers cette question?

Examiner: Quelle carte avez-vous choisi?
Student: J'ai choisi la carte **J sur Les ados, le droit de vote et l'engagement politique.**

Examiner : Que dit-on sur ici sur les attitudes des Français envers le droit de vote ?
Student : Après avoir lu les informations sur la carte (7), je pourrais dire que l'opinion ici suggère que selon une enquête récente, les jeunes, âgés entre 16 ans et 17 ans, ne sont pas intéressés par le droit de vote et ce, pour différentes raisons, à savoir le fait qu'ils croient que les politiciens sont malhonnêtes, et à cela s'ajoute le fait qu'ils préfèrent réaliser leurs rêves. Evidemment, il y en a bien **(2)** d'autres raisons, mais la plus importante à leurs yeux réside dans le manque de confiance **(4)**.

Examiner: Que pensez-vous de cette opinion?
Student: Selon moi, le droit de vote est important, pour les citoyens puisqu'il leur permet d'exprimer leur volonté, et ainsi ils peuvent élire leurs représentants et leur président de la

République en participant démocratiquement à la prise de décision politique. C**ependan**t, juridiquement, les ados **ne sont pas considérés(6)** comme des ayants droits au vote, et ne se sentent donc pas impliqués, n'empêche que certains s'enquièrent de ce qui se passe dans leur pays et s'intéressent considérablement à la politique.
Par contre, je ne suis pas d'accord avec l'avis, selon lequel les ados ne savent pas beaucoup de choses sur le monde, et sont facilement influençables par le marketing et la pression de la famille. En fait, nombreux sont ceux qui ont une compréhension plus avancée et un esprit critique **plus développé que (4)** celui des adultes dans ce domaine.

Student: Est-ce que vous êtes d'accord avec le résultat de cette enquête?
Examiner: selon moi, si les ados veulent voter, je ne serai pas contre.

Student: Est-ce que vous croyez que les ados peuvent prendre des décisions ou faire des choix à 16 ans?
Examiner: Oui, pourquoi pas, ils votent déjà dans les collèges!

Examiner: Selon ce que je sais, par exemple **au Canada**, il y a certains partis politiques, comme le Parti Québécois, en faveur de la participation de cette frange de mineurs, ils sont pour que les jeunes se rendent aux urnes à 16 ans, ce qui permet au parti **de (2)** gagner plus de voix. Ils veulent suivre l'exemple de **la Suisse**, où on a initié les ados aux écoles au processus de vote, et quelles questions doivent êtes posées aux candidats, en plus comment vérifier si les élus tiennent leurs promesses. Au final, ils ont réduit l'âge de vote dans les élections locales, en 2007, et c'était un succès.
Examiner: Qu'est-ce que vous pensez des élections locales en Suisse de 2007?
Student: à mon avis, c'était un succès, de plus le taux de participation, chez les ados était considérable. Je pense que tous les pays en Europe devraient suivre l'exemple de la Suisse.

Examiner: Merci beaucoup.
Student: de rien.

Carte K

Theme	Aspects of political life in the French-speaking world
Sub-theme	Manifestations, grèves – à qui le pouvoir?

La grève et les gilets jaunes

Hier, à Paris il y avait une autre manifestation des Gilets Jaunes contre la proposition du gouvernement concernant la baisse du pouvoir d'achat. La manifestation a commencé paisiblement à l'exception des bagarres mineures, mais après, la situation a dégénéré. Les leaders des syndicats ont rencontré encore une fois le Premier Ministre pour surmonter le désaccord profond de la proposition actuelle. Les syndicats semblent devenir moins puissants.

1) Que dit-on sur ici sur le pouvoir politique en France ?
2) Que pensez-vous de l'information donnée ?
3) Selon ce que vous savez, en France ou ailleurs dans le monde francophone, est-ce que les grèves sont efficaces ?

Examiner: Quelle carte avez-vous choisi?
Student: J'ai choisi la carte **K sur Manifestations, grèves – à qui le pouvoir?**

Examiner: Que dit-on sur ici sur le pouvoir politique en France?
Student: Après avoir lu les informations sur la carte (7), je pourrais dire que l'opinion ici suggère que la France est considérée comme étant un pays leader dans le domaine des grèves. Les Français ont une réputation de manifester et faire la grève pour des choses beaucoup moins importantes, grâce au poids des syndicats en France. Selon les experts, cette puissance est en déclin et les syndicats perdent de plus en plus leurs poids. **Une manifestation a été organisée par les Gilets Jaunes (1)** encore une fois, hier. Ils sont descendus dans les rues pour exprimer leur colère contre la proposition du gouvernement. Même si les syndicats ont rencontré encore une fois le Premier Ministre, le désaccord existe toujours et les tensions dans la rue se sont intensifiées.

Examiner: Que pensez-vous de l'information donnée?
Student: Selon moi, la grève est un droit protégé par la loi, vu que **ce dernier** (3) permet aux gens d'exprimer leur mécontentement face à la direction ou aux politiciens. La main-d'œuvre française a tendance à réagir d'une manière un peu agressive, donc il existe un foyer de conflits. Je ne suis pas d'accord avec l'opinion de la carte, selon laquelle les syndicats en France deviennent moins puissants, vu que les syndicats sont toujours en tête des cortèges de manifestants, ce qui explique qu'ils sont toujours puissants.

Student: Est-ce que vous êtes pour ou contre la manifestation des Gilets Jaunes?
Examiner: Vraiment, je suis contre, car je n'aime pas la violence.

Student: À votre avis, pouvez-vous expliquer comment 7% de salariés ont pu avoir une telle influence?
Examiner: Je ne sais pas. C'est compliqué.

Examiner: Selon ce que vous savez, en France ou ailleurs dans le monde francophone, est-ce que les grèves sont efficaces?
Student: Selon ce que je sais, **en France** les grèves sont très efficaces vu que la manifestation reste aux yeux des syndicats, comme la CGT (Confédération générale du travail), un outil "naturel" pour appuyer leurs revendications, mais il leur est de plus en plus difficile de mobiliser les salariés, sachant que les violences, en 2016, lors de la loi de travail, ont été contre-productives. Désormais, les travailleurs hésitent un peu à descendre dans les rues.

Examiner: Merci beaucoup.

Student: de rien.

Carte L

Theme	Aspects of political life in the French-speaking world
Sub-theme	La politique et l'immigration

Devrait-on accueillir tout le monde?

La pression sur les services publics se multiplie, il n'y a pas assez d'espaces pour tout le monde. Nous n'avons plus les moyens d'accueillir des immigrés, donc on peut donner des visas temporaires pour certains boulots dont les compétences répondent à nos besoins, mais dès qu'on en a plus besoin pour notre économie, ils devraient retourner chez eux.

1) Que dit-on ici sur cette politique d'immigration?
2) Que pensez-vous des informations données?
3) Selon vous, en France ou ailleurs dans le monde francophone est-ce que vous pensez que ce débat existera toujours dans le futur?

Examiner: Quelle carte avez-vous choisi?
Student: J'ai choisi la carte **L sur la politique et l'immigration.**

Examiner: Que dit-on ici sur cette politique d'immigration?
Student: Après avoir lu les informations sur la carte (7), je pourrais dire qu'il s'agit des mêmes propos qu'on entend souvent, affirmant qu'il y a une pression sur les services publics à cause des immigrés et qu'il faut réduire le taux d'immigration, et par conséquent ils ont proposé de délivrer des visas temporaires pour ramener de la main d'œuvre, puis s'en débarrasser quand ils en ont plus besoin, ce qui est injuste à mes yeux.

Examiner: Que pensez-vous des informations données?
Student: Selon moi, l'immigration est un débat qui concerne beaucoup de gens, il faut qu'on comprenne que les anciennes populations étaient des immigrés qui ont beaucoup apporté à leurs nouvelles sociétés, alors il faut les traiter comme nos citoyens et non pas comme une simple main d'œuvre peu coûteuse.
On dit souvent que les immigrés prennent notre travail et qu'il y a beaucoup de pression sur les services publics, comme la santé, l'éducation ou le logement, **or (3)** ce n'est pas vrai, je pense que les partis racistes, comme le Rassemblement National, utilisent les immigrés comme des boucs émissaires afin **qu'ils puissent (2)** attirer les électeurs. Ils ne parlent jamais de leurs contributions

et leurs apports. Il est à noter que toutes les sociétés développées ont fait appel aux immigrés pour **(3)** construire leurs pays.

L'immigration ne se limite pas à l'économie, elle enrichit aussi la culture du pays d'accueil, dans la mesure où les immigrés apportent aussi leurs compétences dans différents domaines, comme l'éducation, la santé et l'artisanat, ils ne sont pas simplement un outil pour améliorer l'économie, ils sont citoyens et acteurs sociaux.

Examiner: Selon vous, en France ou ailleurs dans le monde francophone est-ce que vous pensez que ce débat existera toujours dans le futur?

Student: Selon ce que je sais, **en France** par exemple, ce débat a toujours existé, surtout avant les élections. On parle maintenant de la quatrième génération d'immigrés qui ne sont toujours pas considérés comme des citoyens à part entière.

En ce qui me concerne, certains partis politiques sont contre l'immigration dans l'ensemble, comme le Rassemblement National, tandis que les partis de gauche sont en faveur de l'immigration économique. **Si on suivait l'exemple du Canada(5) ce genre de débats n'existerait plus et l'intégration se ferait d'une manière positive, j'estime que le Canada est un pays plus ouvert que la France(4) au sujet du multiculturalisme.**

Student: Pensez-vous qu'on devrait ouvrir nos portes aux réfugiés par exemple?
Examiner: c'est un grand débat, mais ce que je pourrais dire c'est qu'il y a des avantages et des inconvénients.

Student: Est-ce que vous êtes pour ou contre l'Union Européenne?
Examiner: je suis pour.

Examiner: Merci beaucoup.
Student: de rien.

Part 2- Individual Research Project (11-12 minutes)

For the individual research project, you may choose any topic of your interest as long as it is related to francophone country (French speaking country).

Note: You will not score the highest mark because your project is complex, therefore you are advised to pick a very simple topic and use complex structures instead (You will find below a list of suggested topics).

Submission of sources and headings: You can submit up to 10 headings outlining your research 2 weeks before the test. You need to use a minimum of two sources, and they must be listed; at least one must be an online source. Headings must be in English, whereas the title must be in French.

Overlapping: There must be no overlap with the books/film studied for Paper 2 (For example my students cannot use **L'Étranger** or **La Haine** as research project, however they might use other book or film from the same author or producer if they wish).You cannot allow students to choose the same project.

Ideas and opinions: The presentation will include ideas and opinions based on knowledge of the target language country/countries.

Understanding of culture and society: The discussion will demonstrate understanding of the culture and society of the francophone country.

How will Part 2 be assessed?

You will be given the opportunity to present your project to the examiner within 2 minutes uninterrupted, you are advised to prepare an introduction where you can sum up your project, then 9-10 minutes for questions and answers. You are not required in this part to ask the examiner questions; however, you can do so if you wish.

In the discussion section of the assessment, you should remember that, as well as offering factual information, you will be expected to evaluate, analyse and offer your own ideas and opinions for 9-10 minutes. Only by doing this will you be able to access the highest marks.

Note- The examiner may ask you questions about all your subheadings or may focus on only one or two subheadings and ask further questions, you need to be ready to deal with the unpredicted element.

List of suggested IRPs:

Cinéma:
- Le festival de Cannes
- Le festival du film d'Animation Annecy (Cartoons)
- Film les Intouchables
- Omar Sy or another actor/ actress
- Vincent Cassel (Ocean 12 and 13)
- Marion Cotillard
- La comédie en France (Gad el Maleh)
- Le festival du rire de Marrakech (Jamel Debouze)

Musique:
- Hip hop Paris festival
- Mc Solar et le retour
- La rivalité entre les rappeurs de Marseille et les rappeurs de Paris
- Céline Dion et la chanson francophone.
- Cœur de Pirate
- Zaho

Tourisme:

- La Tour Eiffel or any other monuments
- Le Louvre
- Le Parc d'Astérix
- Le Mont Saint Michel (La Normandie)

Sport:
- Le Mont Blanc et les sports d'hiver
- La rivalité entre le PSG et l'OM

La mode (Fashion):
- Chanel
- Christian Dior
- Saint Laurent
- Chloé
- Lanvin
- Balmain
- Jean Paul Gautier
- Guerlain
- l'Oréal/ La Prairie/ Lancôme…etc

Mark Scheme

Part 2- Independent Research Project (IRP)
1) Knowledge and understanding

Mark	Description
5	**Very good** knowledge and understanding of the area of study.
4	**Good** knowledge and understanding of the area of study.
3	**Reasonable** knowledge and understanding of the area of study.
2	**Limited** knowledge and understanding of the area of study.
1	**Very limited** knowledge and understanding of the area of study.
0	Nothing is worthy of a mark

2) Delivery

Marks	Description
9-10	Delivery is **fluent** throughout. The ideas and opinions expressed are nearly always developed, no prompts. Students engage **very well** in the discussion respond to nearly **all** questions.
7-8	Delivery is **mainly fluent** throughout. The ideas and opinions

	expressed are mostly developed, some prompts. Students engage well in the discussion respond mostly **to all** questions.
5-6	Delivery is **mostly fluent** throughout. The ideas and opinions expressed are nearly always developed, no prompts. Students engage in the discussion respond to **nearly all** questions.
3-4	Delivery is **occasionally fluent**. The ideas and opinions expressed are **occasionally** developed. Students engage in **limited** discussion and respond to **a few** questions.
1-2	Delivery is **rarely fluent**. The ideas and opinions expressed are rarely developed. Students engage to a **very limited** discussion and give an appropriate response to **very few** questions.
0	Nothing is worthy of a Mark

3) Language

Marks	Description
9-10	Use **a wide range** of vocabulary, complex structure and idioms. **Highly accurate** application of grammar with occasional minor errors. Pronunciation and intonation **are very good**.
7-8	Use **a good range** of vocabulary, complex structure and idioms. **Mostly accurate** application of grammar with some minor errors. Pronunciation and intonation **are good.**
5-6	Use **some** variety of vocabulary and complex language is demonstrated. **Uneven** application of grammar. Pronunciation and intonation **are fairly good.**
3-4	**Little use** of vocabulary, complex structure and idioms. **Limited** application of grammar. Pronunciation and intonation are mostly **intelligible.**
1-2	**Very little** variety of vocabulary and structures is demonstrated. **very limited** application of grammar. Pronunciation and intonation **are poor.**
0	Nothing is worthy of a mark

4) Analytical response

Mark	Description
9-10	**Very good** critical and analytical response of those aspects of the research covered in the discussion. Students **consistently** select relevant information to support their arguments with justification of their conclusion.
7-8	**Good** critical and analytical response of those aspects of the

	research covered in the discussion. Students **most of the time** select relevant information to support their arguments with justification of their conclusion.
5-6	**Reasonable** critical and analytical response of those aspects of the research covered in the discussion. Students **sometimes** select relevant information to support their arguments with justification of their conclusion.
3-4	**Limited** critical and analytical response of those aspects of the research covered in the discussion. Students **occasionally** select relevant information to support their arguments with justification of their conclusion.
1-2	**Very limited** critical and analytical response of those aspects of the research covered in the discussion. Students **rarely** select relevant information to support their arguments with justification of their conclusion.
0	Nothing is worthy of a mark

Example : Le Parc d'Astérix

Title: Quel est l'impact du Parc Astérix sur la région ?

Subheadings:

1) History of the Park
2) Cartoons and movies
3) Opening times and cost
4) composition of the Park
5) How do we get there?
6) Economic data

Sources :
https://www.parcasterix.fr/en/attractions-parc-asterix
http://www.themeparkguide.org/theme-park-reviews/parc-asterix/
Wikipedia https://fr.wikipedia.org/wiki/Parc_Astérix

Introduction: (2 minutes)

Le Parc Astérix est un village touristique qui inclut un parc d'attractions et deux hôtels, il a ouvert ses portes au public le 30 avril 1989, inauguré par le Ministre Jack Lang. **Il est géré par la Compagnie des Alpes (1)** depuis 2002. Le parc d'attractions est consacré à la bande dessinée : Astérix. Il est situé à trente-cinq kilomètres de Paris (Plailly).
Il est près de Paris, Il est le deuxième parc après Disney Land, il est connu pour les variétés de ses montagnes russes (Grands huit), avec deux millions de visiteurs chaque année. Le site de loisirs a reçu 20 000 visiteurs, le premier week-end d'ouverture. Les premières semaines, le parc était victime de son succès et le public en est excédé. La gestion des foules a posé un problème. La fréquentation était plus élevée que prévu. Elle a pour conséquence la fermeture du parc à plusieurs reprises à cause de l'encombrement, le dimanche.

> L'autoroute n'était pas assez longue, les parkings se remplissaient vite, quelques attractions ne tournaient pas assez vite, en outre la capacité était trop faible et surtout le nombre de places dans les restaurants était insuffisant.
> Cinq ans plus tard, le parc est devenu rentable pour la première fois, et chaque année le nombre de visiteurs ne cesse d'augmenter. Avec deux millions de visiteurs, le parc reprend, en 2012, la deuxième position du classement français, devant le Futuroscope, par contre il reste toujours derrière Disneyland Paris **ayant(6)** une fréquentation de presque onze millions de visiteurs.

Examiner : Comment on peut acheter des billets pour visiter le parc ?
Student : La meilleure option est d'acheter les billets en ligne, sinon vous risquez de faire la queue au guichet, sinon on peut les acheter sur place ou chez des bureaux de touristes. Ils sont un peu **plus chers qu'en(4)** ligne.

Examiner : Est-ce que tu as visité le parc ?
Student : Si j'avais assez d'argent, je le visiterais(5), mais jusqu'à présent je n'ai pas eu la chance de le faire, par contre j'ai vu des vidéos sur YouTube et ça a l'air d'être sympa.

Examiner : Pourquoi ont-ils choisi le nom Parc Astérix ?
Student : Astérix est une bande dessinée franco-belge qui date depuis 1959. Elle était écrite par René Goscinny et après sa mort, Albert Uderzo a continué de l'écrire, puis il a vendu les droits à Hachette en 2009, 37 volumes existent à ce jour.
Les séries retracent l'aventure d'un village de Gaulois qui résistent par la magie à l'occupation Romaine, en 50 avant Jésus-Christ.

Examiner : Est-ce que vous avez lu cette bande dessinée ?
Student : J'ai lu une série de cette bande dessinée en anglais, car en français c'était un peu difficile, mais je la lirai en français quand j'aurai un bon niveau. L'humour était un peu spécial, car il faut savoir un peu l'histoire pour l'apprécier davantage.

Examiner : Et comment ils ont fait les décorations pour faire référence à cette bande dessinée ?
Student : Ils ont adopté des noms d'attractions qu'on peut trouver dans la bande dessinée, par exemple le défi de César et Romus et Rapidus, le style du parc est plutôt gaulois ou romain, on peut voir des employés qui portent des costumes des personnages qui sont dans la bande dessinée. Il est possible aussi de prendre des photos avec eux.

Examiner : Si, par exemple, je veux prendre mes enfants, est-ce qu'il y a quelque chose pour les adultes aussi ?
Student : En regardant(6) leur site web, j'ai vu qu'il y a des choses qu'on peut faire en famille, comme Pégase Express. Selon la légende, Pégase est le cheval ailé qui a été transformé par Zeus en une constellation qui brille désormais, c'est pourquoi Pégase Express propose un voyage à grande vitesse à bord d'un train lancé sur un parcours mouvementé de près d'un kilomètre de long.

Examiner : Quels sont les horaires d'ouvertures ?
Student : Le parc est ouvert du 31 mars au 4 novembre de dix heures (10 :00) à dix-huit heures (18 :00).

Examiner : Combien ça coûte ?
Student : Il y a des offres sur leur site web, pour cela je vous conseille de le visiter et acheter vos billets bien en avance, ça coûte cinquante et un (51) euros pour adultes et quarante-trois euros pour les moins de douze ans. Il y a quelque fois des offres qui sont cinquante et un euros par adulte et gratuit pour les enfants de moins de 12 ans.

Examiner : J'aurais besoin de combien de jours pour faire toutes les attractions ?
Student : Je dirais deux jours, on peut réserver l'entrée et passer la nuit dans un des deux hôtels qui sont dans le complexe. Il y a des promotions, par exemple deux adultes avec deux enfants, une nuit avec petit déjeuner quatre-vingt-un euros (81) par personne, presque quatre cents cinquante (450) euros pour toute la famille.

Examiner : Vous avez dit que le parc se situe à 35 kilomètres de Paris, comment on peut y aller ?
Student : Il y a beaucoup d'options, on peut aller en voiture, car il y a des parkings ou en autocar. On peut prendre aussi le RER jusqu'à la station Charles De Gaulle, puis il y a les navettes pour le parc. On peut même prendre ces navettes du centre de Paris ou Lille.

Examiner : À votre avis, est-ce que le parc est une chose positive pour la région ?
Student : Selon moi, je suis convaincu que l'impact est positif vu que cela permet de créer des emplois dans le parc et les hôtels, en plus les touristes payent pour les prestations et dépensent de l'argent là où ils vont, ce qui stimule l'économie.

Examiner : Est-ce que c'est facile pour quelqu'un qui ne parle pas français de visiter le parc ?
Student : Pour des informations, on peut changer la langue dans le site web, donc on peut acheter nos billets et réserver facilement, aussi comme dans tous les parcs, il y a un bureau de renseignements où on peut demander de l'aide. La plupart des gens parlent un peu l'anglais, surtout dans les grandes villes, donc il n'y aura pas de problème.

Examiner : Aimeriez-vous travailler dans le parc dans le futur ?
Student : Peut-être pour un poste ponctuel **afin que je puisse(2)** pratiquer mon français, par contre pour un travail permanent, je dirais non merci.

Examiner : Merci beaucoup.
Student : De rien.

Vocabulary

{n.m} Masculine noun
{n.m.pl} Masculine noun in the plural form
{n.f} Feminine noun
{n.f.pl} Feminine noun in the plural form
{c} common noun
{v} Verb

{adj} Adjective masculine and feminine (It stays the same)
{adj.m} Masculine adjective
{adj.f} Feminine adjective
{prep} Preposition
{adv} Adverb
{l.n/f} Feminine locution/Phrase
{l.n/m} Masculine locution/Phrase
{l.n/pl} Plural locution/phrase
{l.n/v}Phrasal verb

Note: Many adjectives can be used as nouns when we add the definite (le,la,les) or indefinite (un,une,des) article to them, for example:
malheurreux {adj.m}/malheureuse {adj.f} = unhappu
le malheureux {n.m}/la malheureuse {n.f} = the unhappy person

Family

la famille monoparentale {l.n/f} = single parent family
la famille recomposée {l.n/f} = blended family
la famille homoparentale {l.n/f} = homosexual family
la famille élargie {l.n/f} = extended family
la famille nucléaire {l.n/f} = traditional family
la vie privée {l.n/f} = private life
privé {adj.m}/privée {adj.f} = private
la banalisation {n.f} = rendering common/less important
la cohabitation {n.f} = living together / alongside
cohabiter {v} = to live together
la vie familiale {l.n} = family life
le bonheur {n.m} = happiness
le comportement {n.m} = behaviour
se comporter {v} = to behave
le concubinage {n.m} = living with a partner
le conjoint {n.m} = husband /spouse
le contrat {n.m} = contract
le bilan {n.m} = assessment
le droit {n.m} = right
emménager/s'installer {v} (avec quelqu'un) = to move in (with someone)
adopté {adj.m}/adoptée {adj.f} = adopted child
le taux de divorce{l.n/m} = divorce rate
l'enquête {n.f} = survey
l'époux(-se) (m/f) = husband / wife / spouse
l'étape {n.f} = stage

l'évolution {n.f} = development
fonder {v} = to build/ to establish
fidèle {adj} = faithful
la fidélité {n.f} = faithfulness
la génération {n.f} = generation
l'homosexualité {n.f} = homosexuality
important {adj.m}/importante {adj.f} = important
heureux {adj.m}/heureuse {adj.f} = happy
malheureux {adj.m}/malheureuse {adj.f} = unhappy
le mariage {n.m} = marriage
se marier {v} = to get married
le même sexe {l.n/m} = same sex
le mode de vie {l.n/m} = way of life
le pacs {n.m} = civil partnership
un partenaire {n.m} = partner
se protéger {v} = to protect oneself
réagir {v} = to react
la relation {n.f} = relationship
religieux {adj.m}/religieuse {adj.f} = religious
remplir {v} = to fill
la rupture {n.f} = break-up
la société {n.f} = society
la tendance {n.f} = trend
traditionnel {adj.m}/tradionnelle {adj.f} = traditional
la vie commune {l.n/f} = living together
l'indépendance {n.f} = independence
l'individu {n.m} = individual
l'égalité {n.f} = equality
l'inégalité {n.f} = inequality
inutile {adj} = useless
utile {adj} = useful
le beau-père {n.m} = step-father
la belle-mère {n.f} = step-mother
célibataire {adj} = single
la compagne {n.f} = female partner
le compagnon {n.m} = male partner
l'échec {n.m} = failure
s'entendre {v} = to get on
grandir {v} = to grow up
s'habituer à {v} = to get used to

en hausse = on the rise	
le lien {n.m} = link	
le phénomène {n.m} = phenomenon	
le conflit {n.m} = conflict	
la dispute {n.f} = argument	
profiter de {v} = to make the most of	
quotidien {adj.m}/quotidienne {adj.f} = daily	
se séparer {v} = to separate	
le soutien {n.m} = support	
utiliser {v} = to use	
l'ambition {n.f} = ambition	
apprécier {v} = to like, appreciate	
l'autorité {n.f} = authority	
briser {v} = to break	
le chômage {n.m} = unemployment	
se dérouler {v} = to take place	
embêtant {adj.m}/ embêtante {adj.f} = annoying	
l'époque {n.f} = time / era	
l'espace {n.m} = place / space	
fournir {v} = to provide	
le foyer {n.m} = household	
négliger {v} = to neglect	
partager {v} = to share	
âgé {adj.m}/âgée {adj.f} = elderly	
punir {v} = to punish	
le rapport {n.m} = relationship	
la responsabilité {n.f} = responsibility	
rêver {v} = to dream	
la stabilité {n.f} = stability	
le taux de natalité {l.n/m} = birth rate	

La cyber-société

l'appareil {n.m} = device	
les dangers {n.m.pl} = dangers/risks	
l'achat (m)en ligne {l.n/m} = online purchase	
envoyer {v} = to send	
branché {adj.m}/branchée {adj.f} = connected	
actualiser {v} = to update	

la mise à jour {l.n/f} = the update
combattre {v} = to fight
lutter {v} = to fight
la cyberintimidation {n.f} = cyberbullying
la cybercriminalité {n.f} = cyber crime
diffuser {v} = to broadcast
éliminer {v} = to eliminate
fiable {adj} = trustworthy
le fichier {n.m} = file
la fraude {n.f} = fraud
le harcèlement {n.m} = harassment
un internaute {n.m}/une internaute {n.f} = internet user
intervenir {v} = to intervene
l'intrusion {n.f} = intrusion
la liberté {n.f} = freedom
le logiciel {n.m} = software
majeur {adj.m}/majeure {adj.f} = adult (over 18)
mineur {adj.m}/mineure {adj.f} = minor (under 18)
manipulateur {adj.m}/manipulatrice {adj.f} = manipulative
la manipulation {n.f} = manipulation
le mot de passe {n.m} = password
la politique {n.f} = policy, politics
promouvoir {v} = to promote
réel {adj.m}/réelle {adj.f} = real
se répandre {v} = to spread
le reportage {n.m} = report
le risque {n.m} = risk
la sécurité {n.f} = Security / safety
se servir de/utiliser {v} = to use
surveiller {v} = to monitor
télécharger {v} = to download
la victime {n.f} = victim
accéder à {v} = to access
l'apprentissage {n.m} = learning process
le contact {n.m} = contact
le cerveau {n.m} = brain
communiquer {v} = to communicate
les connaissances {n.f.pl} = knowledge
la connexion {n.f} = connection
créer {v} = to create

la disponibilité {n.f} = availability
la distraction {n.f} = entertainment
les données {n.f.pl} = data
les informations {n.f.pl} = data
les renseignements {n.m.pl} = information
échanger {v} = to exchange
en ligne = on line
s'exprimer {v} = to express oneself
faciliter {v} = to facilitate
indispensable {adj} = essential
primordial {adj.m}/primordiale {adj.f} = essential
essentiel {adj.m}/essentielle {adj.f} = essential
joignable {adj} = reachable
le niveau {n.m} = level
nuisible {adj} = harmful
numérique {adj} = digital
l'ordinateur portable {n.m} = laptop
un téléphone portable {n.m} = mobile phone
portable {adj} = portable
l'outil {n.m} = tool
participer à {v} = to take part in
puissant {adj.m}/puissante {adj.f} = powerful
le rapport {n.m} = relationship
se rendre compte de {v} = to realise
le réseau {n.m} = network
social {adj.m}/sociale {adj.f} = social
les réseaux sociaux {l.n/pl} = social networks
le serveur {n.m} = server
simplifier {v} = to simplify
le site (web) {n.m} = (web)site
la Toile {n.f} = web
l'usage {n.m} = usage
accro {c}{adj} = addict
actuellement {adv} = currently
consacrer {v} = to dedicate
la démocratie {n.m} = democracy
dépassé /démodé {adj.m} = out of date/old fashion
dépassée/démodée {adj.f} = out of date/old fashion
un entretien {n.m} = interview
grâce à = thanks to

gratuit {adj.m}/gratuite {adj.f} = free
l'identité {n.f} = identity
interdire {v} = to forbid
joindre {v} = to reach
se multiplier {v} = to multiply
obligatoire {adj} = compulsory
progresser {v} = to make progress
proposer {v} = to suggest

Le bénévolat

agir {v} = to act
réagir {v} = to react
le cadre {n.m} = framework
la compétence {n.f} = skill
le conseil {n.m} = advice
défavorisé {c} = underprivileged
le défi {n.m} = challenge
le diplôme {n.m} = qualification
effectuer {v} = to carry out
l'enseignement {n.m} = teaching
l'enseignant/le prof {n.m} = teacher
la gestion {n.f} = management
l'implication {n.f} = involvement in
le parcours {n.m} = pathway/experience
le poste {n.m} = position
la relation {n.f} = rapport/relationship
salarié {c}{adj.m}/salariée {adj.f} = salaried/paid employment
le salarié {n.m}/la salariée {n.f} = employee
le service civique {l.n/m} = civic service
la voie {n.f} = the way/route
améliorer {v} = to improve
l'association {n.f} caritative = charity
l'atout {n.m} = asset
le bénévolat {n.m} = voluntary work
bénévole {c} {adj} = volunteer
le caractère {n.m} = character/personality
consacrer {v} = to commit
la croissance {n.f} = increase

la montée {n.f} = climb / increase
en hausse = increasing, on the rise
le / la demandeur(-euse) d'emploi {l.n} = job-seeker
diriger {v}= to manage
l'égoïsme {n.m}= selfishness
égoïste {adj} = selfish
l' engagement {n.m} = commitment
enrichissant {adj.m}/enrichissante {adj.f} = enriching
s'inscrire {v} = to sign up/ to subscribe
le membre {n.m} = member
la misère {n.f} = misery
la mission {n.f} = assignment
l'occasion {n.f} = opportunity
occasionnel {adj.m}/occasionnelle {adj.f} = casual
la rémunération {n.f} = pay
la retraite {n.f} = retirement
le retraité {n.m} /la retraitée {n.f} = retired person
retraité {adj.m/}/retraitée {adj.f} = retired
volontaire {adj} = volunteer
la volonté {n.f} = willpower
viser {v}= to target
l'abri {n.m} = shelter
le sans-abri {n.m} = without shelter/homeless
SDF {n.m} = homeless
accueillant {adj.m}/accueillante {adj.f} = welcoming
adhérer à {v} = to subscribe/ to sign up
l'ambiance {n.f} = atmosphere
l'analphabétisme {n.m} = illiteracy
l'illettrisme {n.m} = illiteracy
le besoin {n.m} = the need
le bidonville {n.m} = shanty town
la chaleur {n.f} = warmth
compris {adj.m}/comprise {adj.f} = included
le décrochage scolaire {l.n} = dropping out of school
démontrer {v} = to demonstrate
démuni {adj.m}/démunie {adj.f} = deprived
disponible {adj} = available
le don {n.m} = donation
l'espoir {n.m} = hope
exclu {adj.m}/exclue {adj.f} = excluded

éprouver {v} = to experience
évoluer {v} = to progress, evolve
le fléau {n.m} = scourge
les fonds {n.m.pl} = funds
fournir {v} = to provide
l'hébergement {n.m} = accommodation
insalubre {adj} = unclean/unhealthy
propre {adj} = clean
sain {adj.m}/saine {adj.f} = healthy
sale {adj} = dirty/unclean
le justificatif {n.m} = supporting document
livrer {v} = to deliver
mal-logé {adj.m}/mal-logée {adj.f} = without adequate housing
marginalisé {adj.m}/marginalisée {adj.f} = marginalised
les paroles {n.f.pl} = words
le petit boulot {n.m} = odd job
quotidien {adj.m}/quotidienne {adj.f} = daily
le rendez-vous {n.m} = appointment
le secours {n.m} = assistance
sensibiliser {v} = to make aware
sentir {v} = to feel
soutenir {v} = to support

Le patrimoine

l'abonnement {n.m} = subscription
s'abonner {v} = to subscribe/ to sign up
s'inscrire {v} = to sign up
accompagné {adj.m}/accompagnée {adj.f} = accompanied
l'agglomération {n.f} = urban district
ancien {adj.m}/ancienne {adj.f} = old
l'artisanat {n.m} = arts and craft
l'atelier {n.m} = workshop
attirer {v} = to attract
augmenter {v} = to increase
les biens {n.m.pl} = goods/possessions
au bout des doigts {l.n} = at your fingertips
la carte {n.f} = map /plan
célèbre {adj} = famous

(bien)connu {adj.m}/connue {adj.f} = (well) known/famous
renommé {adj.m}/renommée {adj.f} = well-known
le concepteur {n.m} = creator
la confection {n.f} = the making
la découverte {n.f} = discovery
l'échange {n.m} = exchange
emblématique {adj} = symbolic/emblematic
émerveiller {v} = to enthral
l'époque {n.f} = time, period
l'événement {n.m} = event
la façade {n.f} = facade/ the front of
au fil du temps {l.n} = over time
flâner {v} = to wander
se balader {v} = to wander/to stroll
inscrire {v} = to record (details)
la journée {n.f} = a day
léguer {v} = to leave to
l'œuvre {n.f} = work
le patrimoine (immatériel) {l.n/m} = intangible heritage
le patrimoine (matériel) {l.n/m} = tangible heritage
la préservation {n.f} = preservation/conservation
protéger {v} = to protect
la restauration {n.f} = restoration
la richesse {n.f} = wealth
le quai {n.m} = quay
la rive {n.f} = (river) bank
la digue {n.f} = sea wall/dam
le bateau-mouche {n.m} = tourist river boat
le siècle {n.m} = century
la décennie {n.f} = decade
songer {v} = to think of
le trésor {n.m} = treasure
triste {adj} = sad
guidé {adj.m}/guidée {adj.f} = guided
l'accroissement {n.m} = growth
l'accueil {n.m} = welcome
l'ambiance {n.f} = atmosphere
assister {v} = to attend
le chantier {n.m} = building site
l'endroit {n.m} = site, place

entourer {v} = to surround
l'expo(sition) {n.f} = exhibition
la fermeture {n.f} = closure
la fréquentation {n.f} = visit
la grotte {n.f} = cave
incroyable {adj} = incredible
le lieu {n.m} = place
le littoral {n.m} = coastal
mener {v} = to lead
la navette {n.f} = shuttle
la passerelle {n.f} = foot bridge
le paysage {n.m} = landscape
la perte {n.f} = loss
la reconstitution {n.f} = reconstruction
rentable {adj} = profitable
sauvegarder {v} = to safeguard
sensible {adj} = sensitive
le séjour {n.m} = stay
le succédané {n.m} = substitute, succedaneous
la surfréquentation {n.f} = overcrowding
l'Unesco {c} = United Nations Educational, Scientific and Cultural Organisation

La Musique francophone

le début {n.m} = the start
la démarche {n.f} = approach
se détendre {v} = to relax
en direct = live
la diffusion {n.f} = broadcast
la diffusion en continu {l.n} = streaming
distinguer {v} = to distinguish
divertir {v} = to entertain
le divertissement {n.m} = entertainment
le don {n.m} = gift, talent
l'échelle {n.f} = scale/level
international {adj.m}/internationale {adj.f} = international
l'enregistrement {n.m} = recording
envisager {v} = to foresee
évoluer {v} = to evolve

le goût {n.m.} musical {adj.m}	= musical taste
l'hommage {n.m}	= tribute
l'innovation {n.f}	= innovation
lier {v}	= to link
le mélange {n.m}	= mix
le nom de scène {l.n}	= stage name
la notoriété {n.f}	= notoriety/fame
les paroles {n.f.pl}	= lyrics
rater {v}	= to miss
la reprise de chanson {l.n/f}	= cover version
la vedette {n.f}	= star
les ventes {n.f.pl}	= sales
l'affichage {n.m}	= display
à l'aise {l.n}	= at ease
la colère {n.f}	= anger
débuter {v}	= to start
ému {adj.m}/émue {adj.f}	= moved emotionally
l'entretien {n.m}	= interview
les nouveautés {n.f.pl}	= new things
remercier {v}	= to thank
les répétitions {n.f.pl}	= rehearsals
ressentir {v}	= to feel
soulager {v}	= to soothe
la tournée {n.f}	= tour
le concours {n.m}	= competition
(en) déclin {c}	= (in) decline
le domaine {n.m}	= field
la menace {n.f}	= threat
des milliards {n.m.pl}	= billions
des millions {n.m.pl}	= millions
des milliers {n.m.pl}	= thousands
la musique numérique {l.n}	= digital music
le refrain {n.m}	= chorus/refrain

Le cinéma

l'actualité {n.f}	= the news
l'avant-première {n.f}	= preview
la bande-annonce {n.f}	= trailer

dépasser {v} = to exceed
durable {adj} = lasting
échouer {v} = to fail
exposer {v} = to exhibit
intégré {adj.m}/intégrée {adj.f} = integrated
l'intérêt (m) commun {l.n/m} = common interest
le manque de moyens {l.n/m} = lack the means
le moment clé {n.m} = key moment
posséder {v} = to possess
remettre en question {l.n/v} = to question
la rencontre {n.f} = meeting
restaurer {v} = to restore
la salle de projection {l.n/f} = projection room
la série télévisée {l.n/f} = television series
la soirée thématique {l.n} = themed evening
le tapis rouge {n.m} = red carpet
le festival {n.m} = festival
le prix {n.m} = prize
atteindre {v} = to attain
captivant {adj.m}/captivante {adj.f} = captivating
émouvant {adj.m}/émouvante {adj.f} = moving
éffrayant {adj.m}/éffrayant {adj.f} = terrifying
intriguant {adj.m}/intriguante {adj.f} = intriguing
imprévisible {adj} = unpredictable
mémorable {adj} = unforgettable
décevant {adj.m}/décevante {adj.f} = disappointing
drôle {adj} = funny
convaincant {adj.m}/convaincante {adj.f} = convincing
crédible {adj} = believable
caractérisé {adj.m}/caractérisée {adj.f} = characterised
la carrière {n.m} = career
le casting {n.m} = casting
le cinéphile {n.m} = cinema lover
(bien) connu {adj.m}/connue {adj.f} = well-known
célèbre {adj} = famous
demeurer {v} = to remain
désormais {adv} = from now on/henceforth
évoquer {v} = to evoke
la mise en scène {l.n/f} = mise en scene/staging
orienté vers = aimed at

le plan (film) {n.m} = shot (film)
le réalisateur {n.m}/la réalisatrice {n.f} = director
le metteur en scène {l.n/m} = director
la subtilité {n.f} = subtlety
le trucage numérique {l.n/m} = digital effects/digital manipulation
la vente de billets {l.n/f} = ticket sales
vide {adj} = empty
attendu {adj.m}/attendue = expected
l'applaudissement {n.m} = applause
le cinéaste {n.m} = filmmaker
le court-métrage {n.m} = short film
le long-métrage {n.m} = feature length film
déclencher {v} = to start
la durée {n.f} = length
l'écran {n.m} = screen
l'exposition {n.f} = exhibition
le mode de règlement {l.n/m} = means of payment
le montage {n.m} = editing
le tournage {n.m} = filming, shooting

Le multiculturalisme

accueillant {adj.m}/accueillante {adj.f} = welcoming
l'ambiance {n.f} = atmosphere
améliorer {v} = to improve
l' apport {n.m} = contribution
l'assimilation {n.f} = integration
assurer {v} = to insure/maintain
une attache {n.f} = link
un lien {n.m} = link
un avis {n.m} = opinion
une opinion {n.f} = opinion
coexister {v} = to live together
une colocation {n.f} = flat sharing
une compétence {n.f} = skill
conduire à {v} = to lead to
construire {v} = to build
contester {v} = to argue
le contrôle {n.m} = control, checking

décourager {v} = discourage
le défi {n.m} = challenge
le droit d'asile{l.n/m} = right of asylum
s'empirer {v} = to get worse
enrichir {v} = to enrich
l'enrichissement{n.m} = enrichment
un équilibre {n.m} = balance
favoriser {v} = to favour
au fil du temps {l.n/m} = as time goes by
à la fois {l.n/f} = at the same time
franchir {v} = to cross
indiscutable {adj} = unquestionable
inéluctbale {adj} = ineluctable, inevitable
insoluble {adj} = without a solution
intégrer {v} = to integrate
interagir {v} = to interact
se manifester {v} = to show
mettre fin à {v} = to put an end to
paisible {adj} = peaceful
partager {v} = to share
la particularité {n.f} = unique quality
permettre{v} = to allow
la perte {n.f} = loss
prévoir {v} = forsee
le processus {n.m} = process
la racine {n.f} = root
la reconnaissance {n.f} = recognition
le respect {n.m} = respect
la richesse {n.f} = wealth
sain {adj.m}/saine {adj.f} = healthy
sensibiliser {v} = to make aware
songer {v}= to think
souhaitable {adj} = desirable
soutenir {v}= to support
la tolérance {n.f} = tolerance
valoriser {v} = to value

Les marginalisés

améliorer {v} = to improve
l'attache {n.f} = link
le défi {n.m} = challenge
accueillant {adj.m}/accueillante {adj.f} = welcoming
coexister {v} = living together
l'apport {n.m} = contribution
la colocation {n.f} = flat sharing
la compétence {n.f} = skill
construire {v} = to build
contester {v} = to contest/to argue
le contrôle {n.m} = the control/the check
conduire à {v} = to lead to
mener à {v} = to lead to
l'assimilation {n.f} = integration
franchir {v} = to cross
s'empirer {v} = to get worse
indiscuttable {adj} = unquestionable
incontestable {adj} = unquestionable
flgrant {adj.m}/flagrante {adj.f} = clear/evident
inéluctable {adj} = ineluctable/inevitable/inescapable
inexorable {adj} = inexorable/impossible to prevent
insoluble {adj} = insoluble/impossible to solve
se manifester {v} = to show
décourager {v} = to discourage
l'objectif {n.m} = objective/aim
le droit d'asile {l.n/m} = right of asylum
paisible {adj} = peaceful
le respect {n.m} = respect
la tolérance {n.f} = tolerance
partager {v} = to share
enrichir {v} = to enrich
l'enrichissement {n.m}= enriching
la richesse {n.f} = wealth
la reconnaissance {n.f} = recognition
une perte {n.f} = loss
prévoir {v} = to forsee
songer à {v} = to think about
valoriser {v} = to value
permettre {v} = to allow/permit
mettre fin {v} = to put an end

la racine {n.f} = root	
l'équilibre {n.m} = balance	
sain {adj.m}/saine {adj.f} = healthy	
équilibré {adj.m}/équilibrée {adj.f} = balanced	
favoriser {v} = to favour	
exercer {v} = to exert, exercise	
une influence {n.f} = influence	
sensibiliser {v} = to raise awarness	
souhaitable {adj} = desirable	
soutenir {v} = to support	
tenir à {v} = to hold on to	

La criminalité

la délinquance {n.f} = crime, criminality	
fournir {v} = to provide	
parvenir {v} = to succeed	
entraîner {v} = to entail, to lead to	
aboutir {v} = to end up	
le délit {n.m} = offence	
une infraction {n.f} = breach, infringement	
enregistré {adj.m}/enregistrée {adj.f} = recorded	
la voie publique {l.n/f} = public highway	
le taux d'élucidation {l.n/m} = clear-up rate	
le semestre {n.m} = term (of six months)	
une atteinte {n.f} = attempt, attack	
les biens {n.m.pl} = goods/ property	
le cambriolage {n.m} = burglary	
la récidive {n.f} = reoffending	
dissuader {v} = to deter	
à peine {l.n} = hardly	
engorgé {adj.m}/engorgée {adj.f} = overcrowded	
apaiser {v} = to quell/to appease	
une échelle {n.f} = scale	
le dispositif {n.m} = measurel arrangement	
mettre en place {l.n/v} = to put in place	
le milieu {n.m} = environment, background	
la délinquance (juvénile) {n.f} = (juvenile) delinquency	
frapper {v} = to hit	

le viol {n.m} = rape
le meurtre {n.m} = murder
le chantage {n.m} = blackmail
la fraude {n.f} = fraud
l'escroquerie {n.f} = swindle
une émeute {n.f} = riot
une manifestation {n.f} = demonstration
une bagarre {n.f} = fight/scuffle
une rixe {n.f} = scuffle
le détournement de fonds {l.n} = embezzlement
un homicide involontaire {l.n/m} = manslaughter
le crime passionnel {l.n/m} = crime of passion
le blanchiment d'argent {l.n/m} = money laundering
le vol {n.m} = theft
le vol à main armé {l.n/m} = armed robbery
le vol à l'étalage {l.n/m} = shop lifting
un enlèvement {n.m} = kidnapping
le racket {n.m} = extorsion
la victime {n.f} = victim
la cible {n.f} = target
le décès {n.m} = death
la mort {n.f} = death
le voyou {n.m} = hooligan, yob
un attentat {n.m} = murder attempt
le trafic des stupéfiants/drogues {l.n/m} = drug trafficking
un traficant/ un dealer {n.m} = dealer/ trafficker
tirer sur {v} = to shoot
abattre {v} = to shoot (dead)
s'enfuir/ fuir {v} = to flee, run away
se sauver {v} = to run away
le meurtrier {n.m} = murderer
le suspect {n.m} = suspect
mortel {adj.m}/mortelle {adj.f} = fatal/deadly
impliqué {adj.m}/impliquée {adj.f} = involved
un pyromane {n.m} = arsonist
incendier {v} = to set fire to
un coup de feu {n.m} = gunshot
la bande {n.f} = gang
une soirée arrosée {l.n/f} = an evening spent drinking
une tentative de suicide {l.n/f} = suicide attempt

un flingue/pistolet {n.m} = gun (slang)
un couteau {n.m} = a knife
poignarder {v} = to stab
un flic {n.m} = police officer(slang)
la procédure judiciaire {n.f} = legal system/procedure
la cour (de justice) {n.f} = court
l'audience {n.f} = hearing
une affaire {n.f} = case
le procès {n.m} = trial, case
le décret {n.m} = decree
le parquet {n.m} = public prosecutor's department
la défense {n.f} = defence
les poursuites {n.f.pl} = prosecution
la plainte {n.f} = complaint
l'inculpation {n.f} = charge
un inculpé {n.m} = charged person
la déposition {n.f} = sworn statement
le témoin {n.m} = witness
le témoignage {n.m} = evidence
la preuve {n.f} = proof
le jugement {n.m} = verdict
la condamnation {n.f} = sentence
la peine {n.f} = sentence
la peine de mort {l.n/f} = death penalty
l'appel {n.m} = appeal
le détenu/le prisonnier {n.m} = prisoner
la réclusion à perpétuité {l.n/f} = life imprisonment
faire un procès à {l.n/v} = to take proceedings against
poursuivre en justice {l.n/v} = to take to court
engager un procès contre {l.n/v} = to take action against
déposer plainte {l.n/v} = to lodge a complaint
porter plainte {l.n/v} = to lodge a complaint
le juge d'instruction {l.n/m} = examining magistrate
l'accusé {n.m} = the defendant
accusé {adj.m}/accusée {adj.f} = accused
l'inculpé {n.m} = the accused
le procureur (de la République) {n.m} = Public Prosecutor
plaider coupable {v} = to plead guilty
acquitter {v} = to acquit
décharger {v} = to acquit/discharged

infliger une peine {l.n/v} = to impose a penalty
faire appel {v} = to appeal
se prononcer {v} = to reach a verdict
le coupable {n.m} {adj} = guilty
juridique {adj} = legal
mettre en examen {v} = to charge
légitime {adj} = legitimate, legal
le condamné {n.m} = the convicted
condamné {adj.m}/comdamnée {adj.f} = convicted

Les ados et le droit de vote

abaisser {v} = to lower
accorder {v} = to give/grant
aîné {adj.m}/aînée {adj.f} = elder
d'antan {c} = a long ago
l'apathie {n.f} = apathy/stong indifference
l'assemblée nationale/parlement{c} = French assembly/ parliament
autonome/independent(e) {adj}= autonomous/independent
le bulletin de vote {l.n/m} = ballot paper
la carte éléctorale {n.f} = voter registration card
le taux de participation {l.n/m} = turnout rate
le conseil {n.m} = council/ committee/board
demeurer/rester {v} = to remain
le député {n.m} = MP
dissoudre {v} = to dissolve
le droit {n.m} = the right
la droite {n.f} = the right wing (Political standing point)
les centristes {n.pl} = in/of the centre
la gauche {n.f} = the left wing
ébranler {v} = to weaken/to shake
l'électeur/l'électrice {c} = voter
élevé {adj.m}/élevée {adj.f} = high
élire {v} = to elect
l'homme politique/la femme politique {c} =politician
le politicien {n.m}/la politicienne {n.f} = politician
la loi {n.f} = the law
le milieu {n.m} = the environment
le militant {n.m} = activist

le parti politique {n.m} = political party
plafonner {v} = to reach the highest point
ponctuel {adj.m}/ponctuelle {adj.f} = seasonal/one off
le pouvoir {n.m} = the power
la pré-majorité {n.f} = before full electoral maturity
le quinquennat{n.m} = five-year term of office
réclamer {v} = to demand/to claim
revendiquer {v} = to claim
la revendication {n.f} = claim
le suffrage {n.m} = suffrage/ vote
le scrutin {n.m} = ballot/election
la tranche {n.f} = slice/bracket/group
l'urne {n.f} = ballot box
la voix {n.f} = the voice/vote
donner ma voix {l.n/v} = to vote
voter {v} = to vote
le vote blanc {n.m} = blank voting slip
le vote nul {n.m} = ruined voting slip
l'abstention {n.f} = abstention
remporter {v} = to win
gagner {v} = to win
adhérer à/s'inscrire {v} = to subscribe/join/be a member of.
la conscience politique {l.n/f} =political awareness/consciousness
en décalage {c} = out of step/out of touch
la decéption {n.f} = disappointment
le devoir {n.m} = the duty/obligation
éclater {v} = to burst/to break out
effectuer {v} = to carry out
la force {n.f} = strength
forcément, nécessairement {adv} = necessarily, inevitably
le Rassemblement National {c} = National Rally (Political party/Ex National Front)
les préoccupations {n.f.pl} = concerns
la manifestation {n.f} = protest, demonstration
séduire {v} = to seduce/to charm/to appeal to
soutenir {v} =to support
la subvention {n.f} = subsidy
supprimer {v} = to remove/to delete/to put an end to
susciter {v} = to stir up
vaincre {v} =to defeat
la volonté {n.f} = the will

l'actualité {n.f} = news, current affairs
actuellement {adv} = currently
le bureau de vote {l.n/m} = polling station
davantage {adv} = more
le défi {n.m} = challenge
le discours {n.m} = speech
l'échelon {n.m} = echelon/level/ rank
l'ordre du jour {l.n/m} = agenda
l'échec {n.m} = failure
instaurer {v} = to establish/ to put in place
le statu quo {n.m} = status quo/ present system
le syndicat {n.m} = trade union

Manifestation et grèves

l'accord {n.m} = agreement
le désaccord {n.m} = disagreement
l'acharnement {n.m} = dodggeness
un adherent/affilié {n.m} = member
une adherente/affiliée {n.f} = member
s'affaiblir {v} = to decline, weaken
assister {v} = to attend
aubaine {c} = godsend
bâtir/construire {v} = to build, construct
la companie ferroviaire {l.n/f} = railway company
le congé {n.m} = a leave
convoquer {v} = to summon
la cotisation {n.f} = contribution, subscription fee
un dirigeant {c}{n.m} = manager, director, leader
une dirigeante {n.f} = manager, director, leader
le dossier {n.m} = case, file
une durée indéterminée {l.n/f} = permanment, open ended
recruter {v} = to recruit
la fonction publique {l.n/f} = civil service
la formation {n.f} = training
gêner {v} = to bother
gérer {v} = to manager, deal with
la grille de salaire {l.n/f} = pay scale
l'échelon {n.m} = echelon, rank, level

licencié {adj.m}/licenciée {adj.f} = redundant/dismissed/ graduated from university
la main d'oeuvre {n.f} = workforce, labour
pleurnicher {v} = to snivel, whinge
le poste {n.m} = position
les prud'hommes {c} = industrial tribunal
les représailles {n.f.pl} = reprisals
la réunion {n.f} = meeting
le syndicat {n.m} = trade union
verser {v} = to pay in
valider {v} = to approve
battre le pavé {l.n/v} = to take to the streets
le bienfait {n.m} = benefit
le blocage {n.m} = blockade
un cadre {n.m} = executive
encadrer {v} = to coach someone/ supervise
casseur/casseuse {adj} = troublemaker
le chômage {n.m} = unemployment
le décalage {n.m} = gap, discrepancy
le défilé {n.m} = march
le cortège {n.m} = procession
dépasser {v} = to overtake
le parcours {n.m} = route/pathway
le gaz lacrymogène {n.m} = tear gas
les tractions/négociations {n.f.pl} = negociations
la banderole {n.f} = banner
dépénaliser {v} = decriminalised
interpeller {v} = to arrest
le parquet {n.m} = public prosecution office/crown prosecution service (CPS)
la précarité {n.f} = instability, uncertain; unstable; insecure
saluer {v} = to welcome a decision/ to praise/ to salute
l'échauffourée {n.f} = brawl/scuffle
empêcher {v} = to prevent

Immigration

accueillir {v} = to welcome
acquérir {v} = to get/ acquire
l'immigré {c}{n.m} = immigrant
le ressortissant {n.m} = immigrant

un Beur {n.m} = 2nd generation North African (slang)
le Maghrébin {n.m} = from the Maghreb
le pays d'accueil {n.m} = host country
le travail au noir {n.m} = "moonlighting"
la frontière {n.f} = border
un réfugié {n.m} = refugee
le demandeur d'asile {l.n} = asylum seeker
l'asile {n.m} = refuge, asylum
l'insertion {n.f} = integration
le bidonville {n.m} = shanty town
l'Hexagone {n.m} = France
le mode de vie {l.n} = way of life
l'hébergement {n.m} = accommodation
SOS racisme {c} = anti racist organisation
l'extrême droite {n.m} = the far right
la xénophobie {n.f} = xenophobia
le droits de l'homme {l.n/m} = human right
fuir {v} = to flee
le centre d'accueil {l.n/m} = reception centre
la détention {n.f} = detention
se réfugier {v} = to take refuge
s'insérer {v} = to integrate
s'intégrer {v} = to integrate
s'installer {v} = to settle
rapatrier {v} = to repatriate
le clandestin {n.m} = illegal (immigrant).clandestine
clandestin {adj.m}/clandestine {adj.f} = illegal immigration
en situation irrégulière {l.n/f} = without official papers, illegal
le lieu {n.m} = place
la durée {n.f} = period of time
provenir de {v} = to come from
lointain {c}{adj.m}/lointaine {adj.f} = far away
la faiblesse de leurs revenus {l.n/f} = their low income
le locataire {n.m} = tenant
surpeuplé {adj.m}/surpeuplée {adj.f} = overcrowded
davantage {adv} = more
un ouvrier {n.m} = worker
la décennie {n.f} = decade
désormais {adv} = from now on/henceforth
la zone frontalière {l.n/f} = border zone

le durcissement {n.m} = the hardening
insuffisant(e) = insufficient
être soumis à {l.n/v} = to be subject to
la préstation sociale {l.n/v} = social security benefit
prévoir {v} = to plan, to forsee
la trêve {n.f} = truce
les tsiganes/les Roms {c}{adj} = gypsies
la fuite {n.f} = escape
à rallonge {l.n/f} = never-ending
s'égrener {v} = to range from
le/la responsable = manager, person in charge
le CDD: Contrat à Durée Déterminée {l.n/m} = fixed-term contract
le CDI: Contrat à Durée Indéterminée {l.n/m} = permanent contract
la racine {n.f} = root
la banlieue {n.f} = suburb
le taux de chômage {l.n/m} = unemployment rate
une embauche {n.f} = employment
une émeute {n.f} = riot
surgir {v} = to arise
le quartier {n.m} = area, neighbourhood
être déclenché {v} = to be triggered off
la cible {n.f} = target
cibler {v} = to targt
la fonction publique {l.n/f} = public service
s'en prendre à {v} = to take it out on, to attack
l'accueil {n.m} = reception, welcome
la réussite {n.f} = success
les minorités ethniques {l.n/pl} = ethnic minorities
étranger {adj.m} /étrangère {adj.f} = foreign
l'étranger {n.m} /l'étrangère {n.f} = foreigner
la carte d'identité {n.f} = identity card
la bande {n.f} = gang
une attaque raciste {l.n/f} = racist attack
une agression {n.f} = attack, mugging
les injures {n.f.pl} = insults
la peur {n.f} = fear
la conduite {n.f} = behaviour, conduct
le comportement {n.m} = behaviour
la culture {n.f} = culture
culturel {adj.m}/culturelle {adj.f} = cultural

le milieu culturel {l.n/m}	= social background
ne pas supporter {v}	= do not tolerate/ Put up with....
tolérer {v}	= to tolerate
supporter {v}	= to put up with
déchaîner {v}	= to unleash
une question épineuse {l.n/f}	= a thorny issue
fomenter {v}	= to stir up
provoquer {v}	= to provoke
menacer {v}	= to threaten
intolérant {adj.m}/intolérante {adj.f}	= intolerant
la tolérance {n.f}	= tolerance
insupportable {adj}	= intolerable
un/une lepéniste {c}	= supporter of Le Pen
le Rassemblement National {c}	= National Rally (Ex National Front Party)
de souche {c}	= by birth, "pure bred"
avoir des préjugés {l.n/v}	= to be prejudiced
minoritaire {adj}	= minority (view)
injurier {v}	= to insult
avoir honte (de) {l.n/v}	= to be ashamed (of)
la honte {n.f}	= shame
être fier/fière (de) {l.n/v}	= to be proud (of)
la fierté {n.f}	= pride
revendiquer {v}	= to demand/assert
le genre {n.m}	= kind
malgré/ en dépit {prep}	= in spite
avoir du mal à {l.n/v}	= to have difficulty in
l'inconnu {n.m}	= the unknown
la coutume/la tradition {n.f}	= custom/tradition
être à l'abri de {l.n/v}	= to be safe from
mépriser {v}	= to despise
le défaut {n.m}	= fault
lutter {v}	= to fight
triste {adj}	= sad
se ressembler {v}	= to resemble each other, to be the same

Bonne chance pour les examens!

Printed in Great Britain
by Amazon